“数”说新思想

[思维导图版]

本书编写组◎编

学习出版社

图书在版编目（CIP）数据

“数”说新思想：思维导图版/《“数”说新思想（思维导图版）》编写组编. --北京：学习出版社，2023.9

ISBN 978-7-5147-1215-5

Ⅰ.①数… Ⅱ.①数… Ⅲ.①习近平新时代中国特色社会主义思想—学习参考资料 Ⅳ. ①D610.4

中国国家版本馆CIP数据核字(2023)第113652号

“数”说新思想（思维导图版）

“SHU”SHUO XINSIXIANG（SIWEI DAOTU BAN）

本书编写组 编

责任编辑：李 岩 翟晓波
技术编辑：胡 啸
装帧设计：鸿泰博峰

出版发行：学习出版社
北京市崇外大街11号新成文化大厦B座11层（100062）
010-66063020 010-66061634 010-66061646
网 址：http：//www.xuexiph.cn
经 销：新华书店
印 刷：北京中科印刷有限公司

开 本：710毫米×1000毫米 1/16
印 张：15
字 数：208千字
版次印次：2023年9月第1版 2023年9月第1次印刷

书 号：ISBN 978-7-5147-1215-5
定 价：49.80元

前　言

100多年前，在近代中国国家蒙辱、人民蒙难、文明蒙尘的历史境遇中，在中国人民和中华民族苦苦求索出路前途时，“十月革命一声炮响，给我们送来了马克思列宁主义。”中国共产党从诞生之日起，就把马克思列宁主义作为自己的指导思想，并同时开启了马克思主义中国化时代化的历史进程。在这一追求真理、揭示真理、笃行真理的历史进程中，中国共产党人先后创立了毛泽东思想、邓小平理论，形成了“三个代表”重要思想，形成了以人为本、全面协调可持续发展的科学发展观。

党的十八大以来，以习近平同志为主要代表的中国共产党人，坚持把马克思主义基本原理同中国具体实际相结合、同中华优秀传统文化相结合，科学回答了新时代坚持和发展什么样的中国特色社会主义、怎样坚持和发展中国特色社会主义，建设什么样的社会主义现代化强国、怎样建设社会主义现代化强国，建设什么样的长期执政的马克思主义政党、怎样建设长期执政的马克思主义政党等重大时代课题，创立了习近平新时代中国特色社会主义思想。党的十九大、十九届六中全会提出的“十个明确”“十四个坚持”“十三个方面成就”，概括了这一思想的主要内容，以全新的视野深化了对共产党执政规律、社会主义建设规律、人类社会发展规律的认识。

习近平新时代中国特色社会主义思想是对马克思列宁主义、毛泽东思想、邓小平理论、“三个代表”重要思想、科学发展观的继承和发展，是当代中国马克思主义、21世纪马克思主义，是中华文化和中国精神的时代精华，开辟了马克思主义中国化时代化新境界，实现了马克思主义中国化时代化新的飞跃。习近平新时代中国特色社会主义思想是党和人民实践经验和集体智慧的结晶，是中国特色社会主义理论体系的重要组成部分，是全党全国各族人民为实现中华民族伟大复兴而奋斗的行动指南，必须长期坚持并不断发展。

《“数”说新思想（思维导图版）》聚焦习近平新时代中国特色社会主义思想，在全面系统深入学习习近平总书记原著原文的基础上，以“数字”呈现的方式凝练出具有代表性、典型性、标识性的概念、命题、论断，进行整体性、系统性、学理性研究阐释和提纲挈领式、通俗化表达。本书贴近新时代、贴近实际、贴近人民群众，旨在切实帮助广大党员、干部特别是领导干部对习近平新时代中国特色社会主义思想既整体把握、全面领会、及时跟进，又突出重点、抓住关键、深悟原理；既知其言更知其义，既知其然更知其所以然，武装头脑、指导实践、推动工作、谋求发展。

新时代新征程，让我们更加紧密地团结在以习近平同志为核心的党中央周围，全面贯彻习近平新时代中国特色社会主义思想，深刻领悟“两个确立”的决定性意义，增强“四个意识”、坚定“四个自信”、做到“两个维护”，心怀“党之大者”“国之大者”，不断提高政治判断力、政治领悟力、政治执行力，统一思想、统一意志、统一行动，始终保持干事创业的精神状态和奋进姿态，谱写全面建设社会主义现代化国家、全面推进中华民族伟大复兴新的壮美华章，为人类文明进步、人类社会发展作出新的更大贡献。

目　录

二、新时代坚持和发展中国特色社会主义

三、以中国式现代化全面推进中华民族伟大复兴

四、坚持和加强中国共产党的全面领导

五、以新发展理念引领高质量发展

六、发展全过程人民民主，坚定不移走中国特色社会主义政治发展道路

七、坚持文化自信自强，建设社会主义文化强国

八、团结带领人民创造更加美好幸福生活

九、坚持和促进人与自然和谐共生

十、全面推进中华民族伟大复兴的安全保障

十一、坚持全面从严治党，推进新时代党的建设新的伟大工程

一

当代中国马克思主义、二十一世纪马克思主义

一 当代中国马克思主义、二十一世纪马克思主义

- 两个大局：习近平新时代中国特色社会主义思想创立的重要时代背景
  - 中华民族伟大复兴的战略全局
  - 世界百年未有之大变局
- 两个结合：不断开辟马克思主义中国化时代化新境界的原则和途径
  - 坚持把马克思主义基本原理同中国具体实际相结合
  - 坚持把马克思主义基本原理同中华优秀传统文化相结合
- 三个重大时代课题：新时代中国共产党坚持问题意识的最集中体现
  - 新时代坚持和发展什么样的中国特色社会主义、怎样坚持和发展中国特色社会主义
  - 建设什么样的社会主义现代化强国、怎样建设社会主义现代化强国
  - 建设什么样的长期执政的马克思主义政党、怎样建设长期执政的马克思主义政党
- 十个明确、十四个坚持、十三个方面成就：习近平新时代中国特色社会主义思想的主要内容
- 三次飞跃：推进马克思主义中国化时代化是一个追求真理、揭示真理、笃行真理的过程
  - 毛泽东思想
  - 中国特色社会主义理论体系
  - 习近平新时代中国特色社会主义思想
- 两个确立：对新时代党和国家事业发展、对推进中华民族伟大复兴历史进程具有决定性意义
  - 确立习近平总书记党中央的核心、全党的核心地位
  - 确立习近平新时代中国特色社会主义思想的指导地位
- 两个行：马克思主义行、中国化时代化的马克思主义行
- 六个必须坚持：习近平新时代中国特色社会主义思想的世界观和方法论的重要体现
  - 必须坚持人民至上
  - 必须坚持自信自立
  - 必须坚持守正创新
  - 必须坚持问题导向
  - 必须坚持系统观念
  - 必须坚持胸怀天下
- 两个离不开：正确的决策离不开调查研究，正确的贯彻落实同样也离不开调查研究

1 两个大局

习近平新时代中国特色社会主义思想创立的重要时代背景

2019 年 5 月 21 日，习近平总书记在推动中部地区崛起工作座谈会上的讲话中指出：“领导干部要胸怀两个大局，一个是中华民族伟大复兴的战略全局，一个是世界百年未有之大变局，这是我们谋划工作的基本出发点。”中华民族伟大复兴战略全局是国情，世界百年未有之大变局是世情，它们共同构成习近平新时代中国特色社会主义思想创立的重要时代背景。

实现中华民族伟大复兴是新时代中国共产党人必须立足的战略全局、必须实现的宏伟目标。2012 年 11 月 29 日，习近平总书记在参观《复兴之路》展览时指出：“实现中华民族伟大复兴，就是中华民族近代以来最伟大的梦想。”经过鸦片战争以来 180 多年的持续奋斗，中华民族伟大复兴展现出光明的前景。现在，我们比历史上任何时期都更接近中华民族伟大复兴的目标，比历史上任何时期都更有信心、有能力实现这个目标。中华民族伟大复兴的中国梦，其基本内涵和本质是国家富强、民族振兴、人民幸福。

中国共产党一经成立，就义无反顾肩负起实现中华民族伟大复兴的历史使命。新民主主义革命时期，党团结带领人民，反对帝国主义、封建主义、官僚资本主义，争取民族独立、人民解放，为实现中华民族伟大复兴创造了根本社会条件。社会主义革命和建设时期，中国共产党团结带领人民，实现从新民主主义到社会主义的转变，进行社会主义革命，确立社会主义基本制度，推进社会主义建设，为实现中华民族伟大复兴奠定了根本政治前提和制度基础。改革开放和社会主义现代化建设新时期，中国共产党团结带领人民，继续探索中国建设社会主义的正确道路，解放和发展社会生产力，使人民摆脱贫困、尽快富裕起来，为实现中华民族伟大复兴提供了充满新的活力的体制保证和快速发展的物质条件。党的十八大以来，中国特色社会主义进入新时代。党团结带领人民实现了全面建成小康社会第一个百年奋斗目标，开启了全面建设社会主义现代化国家、实现第二个百年奋斗目标新征程，以中国式现代化全面推进中华民族伟大复兴。实现伟大梦想，必须进行具有许多新的历史特点的伟大斗争。实现伟大梦想，必须深入推进新时代党的建设新的伟大工程。实现伟大梦想，必须推进伟大事业，全党要更加自觉地增强道路自信、理论自信、制度自信、文化自信，保持政治定力，坚持实干兴邦，始终坚持和发展中国特色社会主义。

世界百年未有之大变局加速演进。21 世纪以来，世界多极化、经济全球化、社会信息化、文化多样化深入发展，全球治理体系和国际秩序变革加速推进。新一轮科技革命和产业变革带来的新陈代谢和激烈竞争前所未有，新兴市场国家和发展中国家的崛起速度之快前所未有，国与国之间的竞争日益激烈。保护主义、单边主义明显上升，世界经济持续低迷，全球产业链供应链因非经济因素而面临冲击，局部冲突和动荡频发，全球性问题加剧，国际经济、科技、文化、安全、政治等格局都在发生深刻调整，世界进入新的动荡变革期。

世界之变、时代之变、历史之变以前所未有的方式展开。今后一个时期，我们将面对更多逆风逆水的外部环境，来自外部的打压遏制随时可能升级。尽管百年变局加速演进，但和平与发展仍然是世界各国人民的共同愿望，各国相互依存加深，加强交流合作的动能依然强劲，经济全球化大势不可逆转。我国发展进入战略机遇和风险挑战并存、不确定难预料因素增多的时期，各种“黑天鹅”“灰犀牛”事件随时可能发生。我们必须增强忧患意识，坚持底线思维，做到居安思危、未雨绸缪，准备经受风高浪急甚至惊涛骇浪的重大考验。我们要具备战略眼光，树立全球视野，既要有风险忧患意识，又要有历史机遇意识，努力在百年未有之大变局中把握正确前进方向。

新时代新征程，我们要从各种乱象中看清实质，从历史维度把握规律，统筹中华民族伟大复兴战略全局和世界百年未有之大变局，立足国内，放眼世界，深刻认识错综复杂的国际局势对我国的影响，既保持战略定力又善于积极应变，既集中精力办好自己的事，又积极参与全球治理、为国内发展创造良好环境，推动中国与世界携手并进。

2 两个结合

不断开辟马克思主义中国化时代化新境界的原则和途径

2021 年 7 月 1 日，习近平总书记在庆祝中国共产党成立 100 周年大会上的讲话中指出：“坚持把马克思主义基本原理同中国具体实际相结合、同中华优秀传统文化相结合，用马克思主义观察时代、把握时代、引领时代，继续发展当代中国马克思主义、二十一世纪马克思主义！”这是“两个结合”第一次出现在党的重要文献中。党的二十大报告进一步强调：“中国共产党人深刻认识到，只有把马克思主义基本原理同中国具体实际相结合、同中华优秀传统文化相结合，坚持运用辩证唯物主义和历史唯物主义，才能正确回答时代和实践提出的重大问题，才能始终保持马克思主义的蓬勃生机和旺盛活力。”2023 年 6 月 2 日，习近平总书记在文化传承发展座谈会上的重要讲话中指出：“在五千多年中华文明深厚基础上开辟和发展中国特色社会主义，把马克思主义基本原理同中国具体实际、同中华优秀传统文化相结合是必由之路。这是我们在探索中国特色社会主义道路中得出的规律性认识，是我们取得成功的最大法宝。”

“两个结合”是对马克思主义中国化时代化历史进程的经验总结和规律揭示。“两个结合”的提出，表明以习近平同志为核心的党中央对马克思主义中国化时代化的规律性认识、对理论创新创造的认识达到新境界，是习近平新时代中国特色社会主义思想的原创性贡献。

第一，坚持和发展马克思主义，必须同中国具体实际相结合。马克思主义理论的科学性和革命性是统一的，具有鲜明的实践品格。它不仅要认识世界、解释世界，而且要改造世界、改变世界。坚持和发展马克思主义，必须在实践中与各国具体实际相结合。同时，各国的具体实际，也需要马克思主义科学理论的指导。在马克思主义中国化时代化的历史进程中，“结合”的根本方法，就是坚持解放思想、实事求是，与时俱进、求真务实，一切从实际出发，用马克思主义的世界观和方法论分析、解决中国实际问题，不断回答中国之问、世界之问、人民之问、时代之问。也正是在解决中国具体问题的实践过程中，马克思主义不断中国化时代化，不断得到丰富和发展。进入新时代，以习近平同志为核心的党中央，以马克思主义世界观和方法论为指导，从新的实际出发，回答重大时代课题，提出一系列治国理政新理念新思想新战略，创立了习近平新时代中国特色社会主义思想，实现了马克思主义中国化时代化新的飞跃。

第二，坚持和发展马克思主义，必须同中华优秀传统文化相结合。马克思主义必须植根本国、植根本民族历史文化沃土。习近平总书记指出：“中华文明源远流长、博大精深，是中华民族独特的精神标识，是当代中国文化的根基，是维系全世界华人的精神纽带，也是中国文化创新的宝藏。”天下为公、民为邦本、为政以德、革故鼎新、任人唯贤、天人合一、自强不息、厚德载物、讲信修睦、亲仁善邻等，是中国人民在长期生产生活中积累的宇宙观、天下观、社会观、道德观的重要体现，同科学社会主义价值观主张具有高度契合性。将马克思主义基本原理同中华优秀传统文化相结合，必须坚定历史自信、文化自信，同时必须坚持古为今用、推陈出新，在实践中进行创造性转化、创新性发展。既要把马克思主义思想精髓同中华优秀传统文化贯通起来，实现马克思主义中国化时代化，也要把马克思主义思想精髓同人民群众日用而不觉的价值观念融通起来，实现马克思主义大众化。马克思主义基本原理同中华优秀传统文化相结合，不断赋予马克思主义理论鲜明的中国特色，不断夯实马克思主义中国化时代化的历史基础、文化基础和群众基础，让马克思主义在中国牢牢扎根。把马克思主义基本原理同中华优秀传统文化相结合，是我们党对马克思主义中国化时代化历史经验的深刻总结，是对中华文明发展规律的深刻把握，表明我们党对中国道路、理论、制度的认识达到了新高度，表明我们党的历史自信、文化自信达到了新高度，表明我们党在传承中华优秀传统文化中推进文化创新的自觉性达到了新高度。

第三，必须深刻理解“两个结合”。“结合”的前提是彼此契合。马克思主义和中华优秀传统文化来源不同，但彼此存在高度的契合性。相互契合才能有机结合；“结合”的结果是互相成就，造就了一个有机统一的新的文化生命体，让马克思主义成为中国的，中华优秀传统文化成为现代的，让经由“结合”而形成的新文化成为中国式现代化的文化形态。“结合”筑牢了道路根基，让中国特色社会主义道路有了更加宏阔深远的历史纵深，拓展了中国特色社会主义道路的文化根基。中国式现代化赋予中华文明以现代力量，中华文明赋予中国式现代化以深厚底蕴。“结合”打开了创新空间，让我们掌握了思想和文化主动，并有力地作用于道路、理论和制度。更重要的是，“第二个结合”是又一次思想解放，让我们能够在更广阔的文化空间中，充分运用中华优秀传统文化的宝贵资源，探索面向未来的理论和制度创新。“结合”巩固了文化主体性，创立习近平新时代中国特色社会主义思想就是这一文化主体性的最有力体现。

第四，“两个结合”是对“一个结合”的坚持和继承、创新和发展。

20 世纪 30 年代，毛泽东提出了“一个结合”的命题，即“马克思主义必须和我国的具体特点相结合”。在这里，“我国的具体特点”是一个高度概括的整体，它既包括中国革命实践的实际，也包括中国历史的实际、中国文化的实际。“两个结合”实质上是从一个概括性整体走向一个具体性整体的过程。

新时代新征程，中国共产党人继续推进马克思主义中国化时代化，决不能抛弃马克思主义这个魂脉，决不能抛弃中华优秀传统文化这个根脉。坚守好这个魂和根，就是坚守好理论创新的基础和前提，只有这样，才能在“两个结合”中不断攀登新的思想高峰。

3 三个重大时代课题

新时代中国共产党坚持问题意识的最集中体现

习近平总书记指出：“时代课题是理论创新的驱动力。马克思、恩格斯、列宁等都是通过思考和回答时代课题来推进理论创新的。”党的十九届六中全会审议通过的《中共中央关于党的百年奋斗重大成就和历史经验的决议》指出：“习近平同志对关系新时代党和国家事业发展的一系列重大理论和实践问题进行了深邃思考和科学判断，就新时代坚持和发展什么样的中国特色社会主义、怎样坚持和发展中国特色社会主义，建设什么样的社会主义现代化强国、怎样建设社会主义现代化强国，建设什么样的长期执政的马克思主义政党、怎样建设长期执政的马克思主义政党等重大时代课题，提出一系列原创性的治国理政新理念新思想新战略，是习近平新时代中国特色社会主义思想的主要创立者。”三个重大时代课题的提出和回答，应时代之变迁、立时代之潮头、发时代之先声，以崭新的思想内容丰富发展了马克思主义，形成了系统科学的理论体系。

坚持和发展中国特色社会主义，是改革开放以来党的全部理论和实践的主题，是党和人民历尽千辛万苦、付出巨大代价取得的根本成就。

习近平总书记指出："中国特色社会主义，既坚持了科学社会主义基本原则，又根据时代条件赋予其鲜明的中国特色。"中国特色社会主义，是科学社会主义理论逻辑和中国社会发展历史逻辑的辩证统一，是植根于中国大地、反映中国人民意愿、适应中国和时代发展进步要求的科学社会主义，是加快推进社会主义现代化、实现中华民族伟大复兴的必由之路。习近平总书记强调，中国特色社会主义是社会主义，不是别的什么主义。党的十八大以来，习近平总书记根据时代发展和新的实践，提出中国共产党领导是中国特色社会主义最本质的特征和中国特色社会主义制度的最大优势，坚持以人民为中心的发展思想，发展全过程人民民主，推动人的全面发展、全体人民共同富裕取得更为明显的实质性进展，深化了社会主义本质理论；统筹推进"五位一体"总体布局，协调推进"四个全面"战略布局，丰富了社会主义全面发展理论；提出我国社会主要矛盾发生重大变化，深化了社会矛盾学说，提出党和国家事业进入新发展阶段，深化了社会主义发展阶段理论；持续推进全面深化改革，完善和发展中国特色社会主义制度，推进国家治理体系和治理能力现代化，提升了社会主义发展动力理论；强调贯彻新发展理念，发展了马克思主义发展理论；等等。这些重大实践创新和理论创新，系统回答了新时代坚持和发展什么样的中国特色社会主义、怎样坚持和发展中国特色社会主义的重大时代课题，极大地深化了我们党对社会主义建设规律的认识。

新时代以来，以习近平同志为核心的党中央不断实现理论和实践上的创新突破，成功推进和拓展了中国式现代化。党的十九大明确提出了"把我国建设成为富强民主文明和谐美丽的社会主义现代化强国"的奋斗目标和"两个阶段"的战略安排。党的二十大进一步擘画了全面建成社会主义现代化强国的宏伟蓝图和"两步走"的总的战略安排，明确指出："从现在起，中国共产党的中心任务就是团结带领全国各族人民全面建成社会主义现代化强国、实现第二个百年奋斗目标，以中国式现代化全面推进中华民族伟大复兴。"党的二十大报告以及习近平总书记在新进中央委员会的委员、候补委员和省部级主要领导干部学习贯彻习近平新时代中国特色社会主义思想和党的二十大精神研讨班开班式上的重要讲话等，进一步深化了对中国式现代化的内涵和本质的认识，概括形成中国式现代化的中国特色、本质要求和必须牢牢把握的重大原则以及必须正确处理好的重大关系，初步构建中国式现代化的理论体系，使中国式现代化更加清晰、更加科学、更加可感，科学回答了建设什么样的社会主义现代化强国、怎样建设社会主义现代化强国的重大时代课题。中国式现代化的理论和实践，打破了“现代化＝西方化”的迷思，展现了现代化的另一幅图景，拓展了发展中国家走向现代化的路径选择，为人类对更好社会制度的探索提供了中国方案，创造了人类文明新形态，深化了我们党对社会主义现代化建设规律和人类社会发展规律的认识。

党的十八大以来，习近平总书记立足新时代新形势新挑战，立志党的千秋伟业，继承和发展马克思主义建党学说，总结运用党的百年奋斗历史经验，深入推进管党治党实践创新、理论创新、制度创新，深刻回答了建设什么样的长期执政的马克思主义政党、怎样建设长期执政的马克思主义政党的重大时代课题。习近平总书记提出了新时代党的建设总要求，坚持全面从严治党的战略方针，全面推进党的政治建设、思想建设、组织建设、作风建设、纪律建设，把制度建设贯穿其中，深入推进反腐败斗争，落实管党治党政治责任，以伟大自我革命引领伟大社会革命，对建设什么样的长期执政的马克思主义政党、怎样建设长期执政的马克思主义政党的规律性认识达到新的高度，为我们党找到了自我革命这一跳出治乱兴衰历史周期率的第二个答案，深化了对共产党执政规律的认识，把党建设得更加坚强有力。

4 十个明确、十四个坚持、十三个方面成就

习近平新时代中国特色社会主义思想的主要内容

党的二十大报告指出，“十九大、十九届六中全会提出的‘十个明确’、‘十四个坚持’、‘十三个方面成就’”概括了习近平新时代中国特色社会主义思想的主要内容。这些理论成果和实践成果是对新时代坚持和发展什么样的中国特色社会主义、怎样坚持和发展中国特色社会主义，建设什么样的社会主义现代化强国、怎样建设社会主义现代化强国，建设什么样的长期执政的马克思主义政党、怎样建设长期执政的马克思主义政党等重大时代课题的创造性回答，是对共产党执政规律、社会主义建设规律、人类社会发展规律的深化认识，体现了当代中国马克思主义和21世纪马克思主义的全新视野。“十个明确”是对习近平新时代中国特色社会主义思想基本理论的高度凝练，“十四个坚持”是对习近平新时代中国特色社会主义思想基本方略的高度概括，“十三个方面成就”是对习近平新时代中国特色社会主义思想指导下党中央治国理政实践伟大成就的高度总结。

第一，“十个明确”。党的十九大报告提出“八个明确”，《历史决议》进一步提出“十个明确”。“十个明确”从理论上系统回答了新时代坚持和发展中国特色社会主义的总目标、总任务、总体布局、战略布局和发展方向、发展方式、发展动力、战略步骤、外部条件、政治保证等基本问题，是党对中国特色社会主义建设规律认识的深化和理论创新的重大成果。

“十个明确”的具体内容是：明确中国特色社会主义最本质的特征是中国共产党领导，中国特色社会主义制度的最大优势是中国共产党领导，中国共产党是最高政治领导力量，全党必须增强“四个意识”、坚定“四个自信”、做到“两个维护”；明确坚持和发展中国特色社会主义，总任务是实现社会主义现代化和中华民族伟大复兴，在全面建成小

康社会的基础上，分两步走在本世纪中叶建成富强民主文明和谐美丽的社会主义现代化强国，以中国式现代化推进中华民族伟大复兴；明确新时代我国社会主要矛盾是人民日益增长的美好生活需要和不平衡不充分的发展之间的矛盾，必须坚持以人民为中心的发展思想，发展全过程人民民主，推动人的全面发展、全体人民共同富裕取得更为明显的实质性进展；明确中国特色社会主义事业总体布局是经济建设、政治建设、文化建设、社会建设、生态文明建设五位一体，战略布局是全面建设社会主义现代化国家、全面深化改革、全面依法治国、全面从严治党四个全面；明确全面深化改革总目标是完善和发展中国特色社会主义制度、推进国家治理体系和治理能力现代化；明确全面推进依法治国总目标是建设中国特色社会主义法治体系、建设社会主义法治国家；明确必须坚持和完善社会主义基本经济制度，使市场在资源配置中起决定性作用，更好发挥政府作用，把握新发展阶段，贯彻创新、协调、绿色、开放、共享的新发展理念，加快构建以国内大循环为主体、国内国际双循环相互促进的新发展格局，推动高质量发展，统筹发展和安全；明确党在新时代的强军目标是建设一支听党指挥、能打胜仗、作风优良的人民军队，把人民军队建设成为世界一流军队；明确中国特色大国外交要服务民族复兴、促进人类进步，推动建设新型国际关系，推动构建人类命运共同体；明确全面从严治党的战略方针，提出新时代党的建设总要求，全面推进党的政治建设、思想建设、组织建设、作风建设、纪律建设，把制度建设贯穿其中，深入推进反腐败斗争，落实管党治党政治责任，以伟大自我革命引领伟大社会革命。

第二，“十四个坚持”。“十四个坚持”是对新时代我们党治国理政重大方针原则的高度凝练和科学概括，是坚持和发展中国特色社会主义的基本方略，是贯彻“十个明确”精神实质的路线图。“十四个坚持”的具体内容是：坚持党对一切工作的领导；坚持以人民为中心；坚持全面深化改革；坚持新发展理念；坚持人民当家作主；坚持全面依法治国；坚持社会主义核心价值体系；坚持在发展中保障和改善民生；坚持人与自然和谐共生；坚持总体国家安全观；坚持党对人民军队的绝对领导；坚持“一国两制”和推进祖国统一；坚持推动构建人类命运共同体；坚持全面从严治党。

第三，“十三个方面成就”。党的十八大以来，以习近平同志为核心的党中央，贯彻党的基本理论、基本路线、基本方略，攻克了许多长期没有解决的难题，办成了许多事关长远的大事要事，推动党和国家事业取得历史性成就、发生历史性变革。

在坚持党的全面领导上，党的十八大以来，党中央权威和集中统一领导得到有力保证，党的领导制度体系不断完善，党的领导方式更加科学，全党思想上更加统一、政治上更加团结、行动上更加一致，党的政治领导力、思想引领力、群众组织力、社会号召力显著增强。

在全面从严治党上，党的十八大以来，经过坚决斗争，全面从严治党的政治引领和政治保障作用充分发挥，党的自我净化、自我完善、自我革新、自我提高能力显著增强，管党治党宽松软状况得到根本扭转，反腐败斗争取得压倒性胜利并全面巩固，消除了党、国家、军队内部存在的严重隐患，党在革命性锻造中更加坚强。

在经济建设上，党的十八大以来，我国经济发展平衡性、协调性、可持续性明显增强，国内生产总值突破百万亿元大关，人均国内生产总值超过 1 万美元，国家经济实力、科技实力、综合国力跃上新台阶，我国经济迈上更高质量、更有效率、更加公平、更可持续、更为安全的发展之路。

在全面深化改革开放上，党的十八大以来，党不断推动全面深化改革向广度和深度进军，中国特色社会主义制度更加成熟更加定型，国家治理体系和治理能力现代化水平不断提高，党和国家事业焕发出新的生机活力。

在政治建设上，党的十八大以来，我国社会主义民主政治制度化、规范化、程序化全面推进，中国特色社会主义政治制度优越性得到更好发挥，生动活泼、安定团结的政治局面得到巩固和发展。

在全面依法治国上，党的十八大以来，中国特色社会主义法治体系不断健全，法治中国建设迈出坚实步伐，法治固根本、稳预期、利长远的保障作用进一步发挥，党运用法治方式领导和治理国家的能力显著增强。

在文化建设上，党的十八大以来，我国意识形态领域形势发生全局性、根本性转变，全党全国各族人民文化自信明显增强，全社会凝聚力和向心力极大提升，为新时代开创党和国家事业新局面提供了坚强思想保证和强大精神力量。

在社会建设上，党的十八大以来，我国社会建设全面加强，人民生活全方位改善，社会治理社会化、法治化、智能化、专业化水平大幅度提升，发展了人民安居乐业、社会安定有序的良好局面，续写了社会长期稳定奇迹。

在生态文明建设上，党的十八大以来，党中央以前所未有的力度抓生态文明建设，全党全国推动绿色发展的自觉性和主动性显著增强，美丽中国建设迈出重大步伐，我国生态环境保护发生历史性、转折性、全局性变化。

在国防和军队建设上，党的十八大以来，在党的坚强领导下，人民军队实现整体性革命性重塑、重整行装再出发，国防实力和经济实力同步提升，一体化国家战略体系和能力加快构建，建立健全退役军人管理保障体制，国防动员更加高效，军政军民团结更加巩固。人民军队坚决履行新时代使命任务，以顽强斗争精神和实际行动捍卫了国家主权、安全、发展利益。

在维护国家安全上，党的十八大以来，国家安全得到全面加强，经受住了来自政治、经济、意识形态、自然界等方面的风险挑战考验，为党和国家兴旺发达、长治久安提供了有力保证。

在坚持“一国两制”和推进祖国统一上，全面准确、坚定不移贯彻“一国两制”方针，坚持和完善“一国两制”制度体系，坚持依法治港治澳，维护宪法和基本法确定的特别行政区宪制秩序，落实中央对特别行政区全面管治权，坚定落实“爱国者治港”“爱国者治澳”。我们坚持一个中国原则和“九二共识”，坚决反对“台独”分裂行径，坚决反对外部势力干涉，牢牢把握两岸关系主导权和主动权。祖国完全统一的时和势始终在我们这一边。

在外交工作上，中国特色大国外交全面推进，构建人类命运共同体成为引领时代潮流和人类前进方向的鲜明旗帜，我国外交在世界大变局中开创新局、在世界乱局中化危为机，我国国际影响力、感召力、塑造力显著提升。

习近平新时代中国特色社会主义思想的上述主要内容，是党的十八大以来我们党取得的重大理论创新成果和实践创新成果，必须长期坚持并不断丰富发展。

新时代十年，全面贯彻习近平新时代中国特色社会主义思想，全面贯彻党的基本路线、基本方略，采取一系列战略性举措，推进一系列变革性实践，实现一系列突破性进展，取得一系列标志性成果，经受住了来自政治、经济、意识形态、自然界等方面的风险挑战考验，党和国家事业取得历史性成就、发生历史性变革，推动我国迈上全面建设社会主义现代化国家新征程。

5 三次飞跃

推进马克思主义中国化时代化是一个追求真理、揭示真理、笃行真理的过程

在中国共产党百余年奋斗的历史进程中，在党的理论创新的历史进程中，先后创立了毛泽东思想、形成了中国特色社会主义理论体系、创立了习近平新时代中国特色社会主义思想，实现了马克思主义中国化时代化的三次飞跃。

推进马克思主义中国化时代化是一个追求真理、揭示真理、笃行真理的过程。马克思主义是我们立党立国、兴党兴国的根本指导思想。马

克思主义理论不是教条而是行动指南，必须随着时代、实践和科学发展而发展，必须中国化才能落地生根、本土化才能深入人心。党之所以能够领导人民在一次次求索、一次次挫折、一次次开拓中完成中国其他各种政治力量不可能完成的艰巨任务，根本在于坚持解放思想、实事求是、与时俱进、求真务实，坚持把马克思主义基本原理同中国具体实际相结合、同中华优秀传统文化相结合，坚持实践是检验真理的唯一标准，坚持一切从实际出发，及时回答中国之问、世界之问、人民之问、时代之问，不断推进马克思主义中国化时代化。

在新民主主义革命时期，以毛泽东同志为主要代表的中国共产党人，把马克思列宁主义基本原理同中国具体实际相结合，对经过艰苦探索、付出巨大牺牲积累的一系列独创性经验作了理论概括，开辟了农村包围城市、武装夺取政权的正确革命道路，创立了毛泽东思想。新民主主义革命完成了民族独立、人民解放的历史任务，中国人民从此站立起来。社会主义革命和建设时期，毛泽东提出把马克思列宁主义基本原理同中国具体实际进行“第二次结合”。这一时期的伟大实践为实现中华民族伟大复兴奠定了根本政治前提和制度基础。以毛泽东同志为主要代表的中国共产党人，结合新的实际丰富和发展毛泽东思想，提出关于社会主义建设的一系列重要思想。这些独创性理论成果至今仍有重要指导意义。毛泽东思想是马克思列宁主义在中国的创造性运用和发展，是被实践证明了的关于中国革命和建设的正确的理论原则和经验总结，是马克思主义中国化的第一次历史性飞跃。

在改革开放和社会主义现代化建设新时期，以邓小平同志为主要代表的中国共产党人，团结带领全党全国各族人民，深刻总结新中国成立以来正反两方面经验，围绕什么是社会主义、怎样建设社会主义这一根本问题，借鉴世界社会主义历史经验，创立了邓小平理论，成功开创了中国特色社会主义。党的十三届四中全会以后，以江泽民同志为主要代表的中国共产党人，团结带领全党全国各族人民，坚持党的基本理论、基本路线，加深了对什么是社会主义、怎样建设社会主义和建设什么样的党、怎样建设党的认识，形成了“三个代表”重要思想，成功把中国特色社会主义推向21世纪。党的十六大以后，以胡锦涛同志为主要代表的中国共产党人，团结带领全党全国各族人民，在全面建设小康社会进程中推进实践创新、理论创新、制度创新，深刻认识和回答了新形势下实现什么样的发展、怎样发展等重大问题，形成了科学发展观，成功在新形势下坚持和发展了中国特色社会主义。

邓小平理论、“三个代表”重要思想、科学发展观从新的实际和时代特征出发坚持和发展马克思主义，科学回答了建设中国特色社会主义的发展道路、发展阶段、根本任务、发展动力、发展战略、政治保证、祖国统一、外交和国际战略、领导力量和依靠力量等一系列基本问题，形成了中国特色社会主义理论体系，实现了马克思主义中国化新的飞跃。

党的十八大以来，中国特色社会主义进入新时代。以习近平同志为主要代表的中国共产党人，坚持马克思列宁主义、毛泽东思想、邓小平理论、“三个代表”重要思想、科学发展观，坚持将马克思主义基本原理同中国具体实际相结合、同中华优秀传统文化相结合，统筹把握中华民族伟大复兴战略全局和世界百年未有之大变局，就新时代坚持和发展什么样的中国特色社会主义、怎样坚持和发展中国特色社会主义，建设什么样的社会主义现代化强国、怎样建设社会主义现代化强国，建设什么样的长期执政的马克思主义政党、怎样建设长期执政的马克思主义政党等重大时代课题，提出了一系列原创性的治国理政新理念新思想新战略，创立了习近平新时代中国特色社会主义思想，实现了马克思主义中国化时代化新的飞跃。习近平新时代中国特色社会主义思想，是当代中国马克思主义、21世纪马克思主义，是中华文化和中国精神的时代精华，为丰富发展马克思主义作出了原创性贡献，为传承发展中华优秀传统文化作出了历史性贡献，为推动人类文明进步事业作出了世界性贡献。

6 两个确立

对新时代党和国家事业发展、对推进中华民族伟大复兴历史进程具有决定性意义

坚强的领导核心、科学的理论指导，始终是关系党和国家前途命运、党和人民事业兴衰成败的根本性问题。党的十八届六中全会确立了习近平总书记党中央的核心、全党的核心地位。党的十九大确立了习近平新时代中国特色社会主义思想的指导地位。党的十九届六中全会通过的《历史决议》明确指出："党确立习近平同志党中央的核心、全党的核心地位，确立习近平新时代中国特色社会主义思想的指导地位，反映了全党全军全国各族人民共同心愿，对新时代党和国家事业发展、对推进中华民族伟大复兴历史进程具有决定性意义。""两个确立"作为党在新时代取得的重大政治成果，已经写在了新时代的伟大征程上、写在了全党全军全国各族人民的心坎上，必须倍加珍惜、坚定维护、长期坚持。

确立和维护党的领导核心，坚持用马克思主义中国化时代化创新理论武装全党，确保全党思想上、政治上、行动上的一致，是我们党不断发展壮大，战胜一切风险挑战，在革命、建设、改革各个历史时期取得一个又一个胜利的根本原因。在新民主主义革命初期，中国共产党因为没有经验，照搬苏联做法，没有很好地把马克思主义基本原理和中国具体实际结合起来，也没有建立起让全党信服的权威和核心，中国革命遭受了重大挫折。从遵义会议开始，我们党逐步形成成熟的、有核心的中央领导集体，并在党的七大上把马克思主义基本原理同中国具体实际相结合所产生的毛泽东思想确立为党的指导思想，为夺取新民主主义革命胜利指明了正确方向。改革开放和社会主义现代化建设新时期，我们党之所以经受住了国内国际严峻形势的考验，取得了举世瞩目的成就，就在于我们党一方面始终强调维护党中央权威和集中统一领导；另一方面

不断把马克思主义基本原理同中国具体实际相结合，创立了邓小平理论，形成了“三个代表”重要思想和科学发展观。习近平总书记指出：“党的历史、新中国发展的历史都告诉我们：要治理好我们这个大党、治理好我们这个大国，保证党的团结和集中统一至关重要，维护党中央权威至关重要。”

新时代十年，在以习近平同志为核心的党中央坚强领导下，在习近平新时代中国特色社会主义思想的科学指导下，党和国家事业取得历史性成就、发生历史性变革，推动我国迈上全面建设社会主义现代化国家新征程。这些成就，从理论上讲是原创性、突破性、开创性的，从制度上讲是创新性、系统性、整体性的，从实践上讲是根本性、战略性、长远性的。新时代党和国家事业之所以能够取得历史性成就、发生历史性变革，根本在于习近平总书记作为党中央的核心、全党的核心掌舵领航，在于习近平新时代中国特色社会主义思想科学指引。实践充分证明，“两个确立”是新时代党和人民应对一切不确定性的最大确定性、最大底气、最大保证。

习近平总书记以马克思主义政治家、思想家、战略家的恢宏气魄、远见卓识、雄韬伟略，从容驾驭各种复杂局面，团结带领全国各族人民攻克了许多长期没有解决的难题，办成了许多事关长远的大事要事，推动党和国家事业取得举世瞩目的重大成就，是众望所归、当之无愧的党的核心、人民领袖、军队统帅，是中华民族伟大复兴的领路人。习近平新时代中国特色社会主义思想，是当代中国马克思主义、21 世纪马克思主义，是中华文化和中国精神的时代精华，为实现中华民族伟大复兴提供了行动指南。列宁指出：“没有‘人的情感’，就从来没有也不可能有人对于真理的追求。”全面建设社会主义现代化国家，以中国式现代化全面推进中华民族伟大复兴，最重要的是深刻领悟“两个确立”的决定性意义，增强“四个意识”、坚定“四个自信”、做到“两个维护”，自觉在思想上政治上行动上同以习近平同志为核心的党中央保持高度一致。

7 两个行

马克思主义行、中国化时代化的马克思主义行

党的二十大报告指出："马克思主义是我们立党立国、兴党兴国的根本指导思想。实践告诉我们，中国共产党为什么能，中国特色社会主义为什么好，归根到底是马克思主义行，是中国化时代化的马克思主义行。"

中国共产党自成立之日起，就把马克思主义作为自己的指导思想和行动指南。马克思主义是中国共产党人的"真经"和"宝典"。中国共产党人是马克思主义理论的忠诚信奉者、坚定实践者、创新发展者。

马克思主义行，就在于马克思主义是科学的理论体系。作为马克思主义的理论基础，辩证唯物主义和历史唯物主义为人们认识世界和改造世界提供了科学的世界观和方法论。辩证唯物主义认为，世界统一于物质、物质决定意识，在实践中必须实事求是，从客观实际出发；矛盾是事物发展的内在动力，在实践中必须强化问题意识，积极面对和化解前进中遇到的矛盾；事物是普遍联系的，是运动、变化和发展的，必须不断增强辩证思维能力，提高驾驭复杂局面、处理复杂问题的本领；认识和实践的关系是辩证的，必须坚持实践第一的观点，在不断推进实践的基础上进行理论创新。历史唯物主义认为，生产力和生产关系、经济基础和上层建筑相互作用、相互制约，支配着整个社会的发展进程，只有把社会基本矛盾作为一个整体来观察，才能全面把握整个社会的基本面貌和发展方向；物质生产力是全部社会生活的物质前提，社会主义的根本任务是解放和发展社会生产力；人民群众是历史创造者，必须坚持人民至上的立场。拥有马克思主义科学理论指导，是我们党坚定信仰信念、把握历史主动的根本所在。

中国化时代化的马克思主义行，就在于中国共产党人坚持把马克思主义基本原理同中国具体实际相结合、同中华优秀传统文化相结合，以

马克思主义基本原理为思想武器，分析中国所处的时代特征，研判中国社会的性质，揭示社会主要矛盾，确定时代主题和历史任务，制定科学的路线方针政策，找到解决问题的思路和办法，动员人民群众的伟大力量，完成时代赋予的任务。这是马克思主义中国化时代化的逻辑，也是马克思主义与时俱进、不断丰富和不断发展的进程。中国化时代化的马克思主义，就是毛泽东思想、邓小平理论、“三个代表”重要思想、科学发展观、习近平新时代中国特色社会主义思想。

我们党坚持解放思想、实事求是，与时俱进、求真务实，一切从实际出发，着眼解决新时代改革开放和社会主义现代化建设的实际问题，不断回答中国之问、世界之问、人民之问、时代之问。在当代中国，坚持和发展习近平新时代中国特色社会主义思想，就是真正坚持和发展马克思主义。

“两个行”的重要论断，是中国共产党百余年奋斗历程中得出的历史结论，充分体现了我们党坚定信仰信念、把握历史主动的思想自觉和行动自觉。

8 六个必须坚持

习近平新时代中国特色社会主义思想的世界观和方法论的重要体现

党的二十大报告指出：“继续推进实践基础上的理论创新，首先要把握好新时代中国特色社会主义思想的世界观和方法论，坚持好、运用好贯穿其中的立场观点方法。”并将习近平新时代中国特色社会主义思想的世界观和方法论集中概括为“六个必须坚持”。2023 年 3 月 30 日，习近平总书记在主持二十届中共中央政治局第四次集体学习时强调，党的二十大报告提出了继续推进理论创新的科学方法，即必须坚持人民至上、必须坚持自信自立、必须坚持守正创新、必须坚持问题导向、必须坚持系统观念、必须坚持胸怀天下。这“六个必须坚持”，是习近平新时代中国特色社会主义思想的世界观和方法论的重要体现。

第一，必须坚持人民至上。这是习近平新时代中国特色社会主义思想的根本立场，深刻体现了人民群众是历史创造者的唯物史观以及理论来自人民群众实践的辩证唯物主义认识论。人民性是马克思主义的本质属性，党的理论是来自人民、为了人民、造福人民的理论，人民的创造性实践是理论创新的不竭源泉。一切脱离人民的理论都是苍白无力的，一切不为人民造福的理论都是没有生命力的。坚持人民至上，是贯穿习近平新时代中国特色社会主义思想的一条红线。我们要始终坚持人民至上这一根本价值取向，深刻把握亿万人民群众的鲜活实践和丰富智慧，及时提炼概括人民群众的新鲜经验，形成为人民所喜爱、所认同、所拥有的理论，使之成为指导人民认识世界和改造世界的强大思想武器。

第二，必须坚持自信自立。这是习近平新时代中国特色社会主义思想的精神特质，深刻体现了物质和意识辩证关系的基本原理以及中国共产党人尊重客观规律、敢于开拓创新的历史主动精神。党的百余年奋斗的成功道路是党领导人民独立自主探索开辟出来的，马克思主义的中国篇章是中国共产党人依靠自身力量实践出来的，贯穿其中的一个基本点就是中国的问题必须从中国基本国情出发，由中国人自己来解答。党的十八大以来，以习近平同志为核心的党中央坚定“四个自信”，团结带领全国各族人民成功推进和拓展了中国式现代化，丰富和发展了人类文明新形态。世界上既不存在定于一尊的现代化模式，也不存在放之四海而皆准的现代化标准。中国式现代化，是中国共产党领导的社会主义现代化。我们必须坚持以中国式现代化全面推进中华民族伟大复兴，既不走封闭僵化的老路，也不走改旗易帜的邪路，坚持把国家和民族发展放在自己力量的基点上、把中国发展进步的命运牢牢掌握在自己手中。

第三，必须坚持守正创新。这是习近平新时代中国特色社会主义思想的理论品格，深刻体现了辩证唯物论的基本要义和马克思主义理论创新发展的内在规律。把坚持马克思主义和发展马克思主义统一起来，结合新的实践不断作出新的理论创造，是马克思主义永葆生机活力的奥妙之所在。守正才能不迷失方向、不犯颠覆性错误，创新才能把握时代、引领时代。在新征程上，我们既要坚持马克思主义基本原理不动摇，坚持党的全面领导不动摇，坚持中国特色社会主义不动摇，又要紧跟时代步伐，顺应实践发展，深刻把握百年未有之大变局的新挑战，敢于说前人没有说过的新话，敢于干前人没有干过的事情，以新的理论指导新的实践。

第四，必须坚持问题导向。这是习近平新时代中国特色社会主义思想的鲜明风格，深刻体现了马克思主义的实践观点、矛盾观点。问题是时代的声音，回答并指导解决问题是理论的根本任务。中国共产党人干革命、搞建设、抓改革，从来都是为了解决中国的现实问题，党的理论也是在不断回答时代课题中创新发展的。坚持问题导向，是党的十八大以来党治国理政的突出特点，彰显了新时代中国共产党人的使命担当。在新征程上，我们要增强问题意识，聚焦实践遇到的新问题、改革发展稳定存在的深层次问题、人民群众的急难愁盼问题、国际变局中的重大问题、党的建设面临的突出问题，不断提出真正解决问题的新理念新思路新办法。

第五，必须坚持系统观念。这是习近平新时代中国特色社会主义思想的科学方法，深刻体现了辩证唯物主义具有基础性的思想和工作方法。万事万物是相互联系、相互依存的。只有用普遍联系的、全面系统的、发展变化的观点观察事物，才能把握事物发展规律。全面建设社会主义现代化国家、全面推进中华民族伟大复兴，必须坚持全面的、系统的观念。要善于通过历史看现实、透过现象看本质，把握好全局和局部、当前和长远、宏观和微观、主要矛盾和次要矛盾、特殊和一般的关系，不断提高战略思维、历史思维、辩证思维、系统思维、创新思维、法治思维、底线思维能力，为前瞻性思考、全局性谋划、整体性推进党和国家各项事业提供科学思想方法。

第六，必须坚持胸怀天下。这充分体现了习近平新时代中国特色社会主义思想特有的大视野大境界。中国共产党是为中国人民谋幸福、为中华民族谋复兴的党，也是为人类谋进步、为世界谋大同的党。中国特色社会主义进入新时代，习近平总书记提出推动构建人类命运共同体理念，为解决全球治理问题贡献了中国智慧、中国方案、中国力量。新征程上，我们要拓展世界眼光，深刻洞察人类发展进步潮流，积极回应各国人民普遍关切，为解决人类面临的共同问题作出贡献，以海纳百川的宽阔胸襟借鉴吸收人类一切优秀文明成果，推动建设更加美好的世界。

学深悟透习近平新时代中国特色社会主义思想，必须把握这一思想的世界观、方法论和贯穿其中的立场观点方法。只有准确把握包括“六个必须坚持”在内的习近平新时代中国特色社会主义思想的立场观点方法，才能更好领会这一思想的精髓要义，才能把思想方法搞对头，认识问题才能站得高，分析问题才能看得深，开展工作才能把得准，确保张弛有度、收放自如。

9 两个离不开

正确的决策离不开调查研究，正确的贯彻落实同样也离不开调查研究

“两个离不开”，是指“正确的决策离不开调查研究，正确的贯彻落实同样也离不开调查研究”。这是2017年10月25日习近平总书记在党的十九届一中全会上的讲话中提出的重要论断。

调查研究是我们党的传家宝，是我们的优良作风，是我们做好各项工作的基本功。1930年5月，为了反对当时红军中存在的教条主义思想，毛泽东专门写了《反对本本主义》一文，提出“没有调查，没有发言权”的著名论断。党的十八大以来，习近平总书记高度重视调查研究工作，在不同场合反复强调调查研究的重要性，发表一系列重要讲话、作出一系列重要指示，为全党大兴调查研究、做好各项工作提供了根本

遵循。

正确的决策离不开调查研究。系统的周密的社会调查，是决策的基础。习近平总书记明确指出，调查研究是谋事之基、成事之道，没有调查就没有发言权，没有调查就没有决策权。“为了防止和克服决策中的随意性及其造成的失误，提高决策的科学化水平，必须把调查研究贯穿于决策的全过程，真正成为决策的必经程序。”否则，没有掌握实情，拍脑袋决策、拍胸脯表态，决策必然错误，也必然损害党的事业，损害人民群众的利益。习近平总书记强调，调查研究不仅是一种工作方法，而且是关系党和人民事业得失成败的大问题。

正确的贯彻落实同样也离不开调查研究。一分部署，九分落实。唯有扎扎实实深入调查研究，力戒形式主义、官僚主义，深刻研究党中央重大决策部署贯彻执行中的堵点淤点难点，把需要解决的问题找准、把解决问题的办法想透，才能推动党中央重大决策部署落到实处、见诸成效。

加强调查研究必须注重科学方法。一是必须坚持党的群众路线，深入基层。要拜人民为师、向人民学习，放下架子、扑下身子，接地气、通下情，深入开展调查研究，解剖麻雀，发现典型，真正把群众面临的问题发现出来，把群众的意见反映上来，把群众创造的经验总结出来。二是必须坚持实事求是，坚守党性原则，一切从实际出发，理论联系实际。要听真话、察实情，坚持真理、修正错误，有一是一、有二是二，既报喜又报忧，不唯书、不唯上、只唯实。不能走马观花、蜻蜓点水，一得自矜、以偏概全。三是必须坚持问题导向。“调查研究，是对客观实际情况的调查了解和分析研究，目的是把事情的真相和全貌调查清楚，把问题的本质和规律把握准确，把解决问题的思路和对策研究透彻”。四是必须坚持系统观念。“要多层次、多方位、多渠道地调查了解情况，既要调查机关，又要调查基层；既要调查干部，又要调查群众；既要解剖典型，又要了解全局；既要到工作局面好和先进的地方去总结经验，又要到困难较多、情况复杂、矛盾尖锐的地方去研究问题。”要把握好全局和局部、当前和长远、宏观和微观、主要矛盾和次要矛盾、特殊和一般的关系。五是必须坚持攻坚克难，推动工作。调查不是作秀，而是要发现问题并解决问题，勇于涉险滩、破难题，知难而进、迎难而上，把调查研究成果转化为推进工作、战胜困难的实际成效。

总之，调查研究是做好一切工作的基本功。2023 年 3 月，中共中央办公厅印发《关于在全党大兴调查研究的工作方案》，对调查研究的重要意义、总体要求、调研内容、方法步骤、工作要求等作出具体部署，要求各地区各部门结合实际认真贯彻落实。党中央决定，把在全党大兴调查研究，作为在全党开展的学习贯彻习近平新时代中国特色社会主义思想主题教育的重要内容，推动全面建设社会主义现代化国家开好局起好步。这就要求党员干部学会调查研究，在调查研究中提高工作本领，使调研的过程成为加深对党的创新理论领悟的过程，成为保持同人民群众血肉联系的过程，成为推动事业发展的过程。

二

新时代坚持和发展中国特色社会主义

二 新时代坚持和发展中国特色社会主义

- 一个主题：坚持和发展中国特色社会主义
- 一个重大政治判断：中国特色社会主义进入新时代
- “五位一体”总体布局：中国特色社会主义事业总体布局
  - 经济建设
  - 政治建设
  - 文化建设
  - 社会建设
  - 生态文明建设
- “四个全面”战略布局：新时代治国理政总方略
  - 全面建成小康社会（全面建设社会主义现代化国家）
  - 全面深化改革
  - 全面依法治国
  - 全面从严治党
- 四个伟大：新时代党治国理政的总体框架
  - 伟大梦想
  - 伟大斗争
  - 伟大工程
  - 伟大事业
- 十大历史经验：党和人民百年奋斗共同创造的精神财富
  - 坚持党的领导
  - 坚持人民至上
  - 坚持理论创新
  - 坚持独立自主
  - 坚持中国道路
  - 坚持胸怀天下
  - 坚持开拓创新
  - 坚持敢于斗争
  - 坚持统一战线
  - 坚持自我革命
- 五个必由之路：在长期实践中得出的至关紧要的规律性认识
  - 坚持党的全面领导是坚持和发展中国特色社会主义的必由之路
  - 中国特色社会主义是实现中华民族伟大复兴的必由之路
  - 团结奋斗是中国人民创造历史伟业的必由之路
  - 贯彻新发展理念是新时代我国发展壮大的必由之路
  - 全面从严治党是党永葆生机活力、走好新的赶考之路的必由之路
- 五个战略性有利条件：新时代新征程我国面临的战略机遇和显著优势
  - 有中国共产党的坚强领导
  - 有中国特色社会主义制度的显著优势
  - 有持续快速发展积累的坚实基础
  - 有长期稳定的社会环境
  - 有自信自强的精神力量

1 一个主题

坚持和发展中国特色社会主义

2017 年 7 月 26 日，习近平总书记在省部级主要领导干部“学习习近平总书记重要讲话精神，迎接党的十九大”专题研讨班开班式上的重要讲话中指出：“中国特色社会主义是改革开放以来党的全部理论和实践的主题，全党必须高举中国特色社会主义伟大旗帜，牢固树立中国特色社会主义道路自信、理论自信、制度自信、文化自信，确保党和国家事业始终沿着正确方向胜利前进。”党的十九大报告进一步强调：中国特色社会主义是改革开放以来党的全部理论和实践的主题，中国特色社会主义道路是实现社会主义现代化、创造人民美好生活的必由之路，中国特色社会主义理论体系是指导党和人民实现中华民族伟大复兴的正确理论，中国特色社会主义制度是当代中国发展进步的根本制度保障，中国特色社会主义文化是激励全党全国各族人民奋勇前进的强大精神力量。

中国特色社会主义承载着几代中国共产党人的理想和探索，寄托着无数仁人志士的意愿和期盼，凝聚着千千万万革命先烈的奋斗和牺牲，凝聚着全国各族人民的奋斗和实践，是党和人民历经千辛万苦、付出各种代价取得的宝贵成果，是近代以来中国社会发展的必然选择，是历史和人民的选择。以毛泽东同志为主要代表的中国共产党人，团结带领全党全国各族人民，经过长期浴血奋斗，完成了新民主主义革命，建立了中华人民共和国，确立了社会主义基本制度，完成了中华民族有史以来最广泛而深刻的社会变革。我们党对怎样在中国建设社会主义进行了长期探索，取得了独创性理论成果和巨大成就，为新的历史时期开创中国特色社会主义提供了宝贵经验、理论准备和物质基础。

党的十一届三中全会以后，以邓小平同志为主要代表的中国共产党人，团结带领全党全国各族人民，深刻总结新中国成立以来正反两方面经验，围绕什么是社会主义、怎样建设社会主义这一根本问题，借鉴世界社会主义历史经验，创立了邓小平理论，明确提出走自己的路、建设中国特色社会主义的重大命题，制定了到21世纪中叶分三步走、基本实现社会主义现代化的发展战略，成功开创了中国特色社会主义。

党的十三届四中全会以后，以江泽民同志为主要代表的中国共产党人，团结带领全党全国各族人民，坚持党的基本理论、基本路线，加深了对什么是社会主义、怎样建设社会主义和建设什么样的党、怎样建设党的认识，形成了“三个代表”重要思想，在国内外形势十分复杂、世界社会主义出现严重曲折的严峻考验面前捍卫了中国特色社会主义，确立了社会主义市场经济体制的改革目标和基本框架，确立了社会主义初级阶段公有制为主体、多种所有制经济共同发展的基本经济制度和按劳分配为主体、多种分配方式并存的分配制度，开创改革开放新局面，推进党的建设新的伟大工程，成功把中国特色社会主义推向21世纪。

党的十六大以后，以胡锦涛同志为主要代表的中国共产党人，团结带领全党全国各族人民，在全面建设小康社会进程中推进实践创新、理论创新、制度创新，深刻认识和回答了新形势下实现什么样的发展、怎样发展等重大问题，形成了以人为本、全面协调可持续的科学发展观，抓住重要战略机遇期，聚精会神搞建设，一心一意谋发展，着力保障和改善民生，促进社会公平正义，推进党的执政能力建设和先进性建设，成功在新形势下坚持和发展了中国特色社会主义。

党的十八大以来，中国特色社会主义进入新时代。以习近平同志为主要代表的中国共产党人，准确把握中国特色社会主义的历史新方位、时代新变化、实践新要求，坚持把马克思主义基本原理同中国具体实际相结合、同中华优秀传统文化相结合，坚持毛泽东思想、邓小平理论、“三个代表”重要思想、科学发展观，深刻总结并充分运用党成立以来的历史经验，从新的实际出发，创立了习近平新时代中国特色社会主义思想，并以伟大的历史主动精神、巨大的政治勇气、强烈的责任担当，统筹国内国际两个大局，贯彻党的基本理论、基本路线、基本方略，统揽伟大斗争、伟大工程、伟大事业、伟大梦想，采取一系列战略性举措，推进一系列变革性实践，实现一系列突破性进展，取得一系列标志性成果，经受住了来自政治、经济、意识形态、自然界等方面的风险挑战考验，推动党和国家事业取得历史性成就、发生历史性变革，推动我国迈上全面建设社会主义现代化国家新征程。

中国特色社会主义是社会主义而不是其他什么主义。中国特色社会主义事业总体布局是“五位一体”，战略布局是“四个全面”。新时代坚持和发展中国特色社会主义要一以贯之，坚持以马克思主义中国化时代化最新成果为指导，坚定中国特色社会主义道路自信、理论自信、制度自信、文化自信，坚定不移推进中华民族伟大复兴历史进程。

2 一个重大政治判断

中国特色社会主义进入新时代

社会主义从来都是在奋勇开拓中前进的，必定随着形势和条件的变化而不断向前发展。经过长期努力，中国特色社会主义进入了新时代，这是我国发展新的历史方位。

中国特色社会主义进入新时代，我国社会主要矛盾已由人民日益增长的物质文化需要同落后的社会生产之间的矛盾，转化为人民日益增长的美好生活需要和不平衡不充分的发展之间的矛盾。我国稳定解决了十几亿人的温饱问题，全面建成小康社会，人民对美好生活的向往更加强烈、需要日益广泛，不仅对物质文化生活提出了更高要求，而且在民主、法治、公平、正义、安全、环境等方面的要求日益增长。同时，我国社会生产力水平总体上显著提高，社会生产能力在很多方面进入世界前列，成为世界第二大经济体、制造业第一大国、货物贸易第一大国，我国长期存在的短缺经济和供给不足状况已经发生根本性转变，更加突出的问题是发展不平衡不充分，这已经成为满足人民日益增长的美好生活需要的主要制约因素。这就要求我们在继续推动发展的基础上，着力解决好发展不平衡不充分问题，大力提升发展质量和效益，更好满足人民各方面日益增长的美好生活需要，更好推动人的全面发展、社会全面进步。

中国特色社会主义进入新时代，我们党的理论创新实现新的飞跃。伟大时代呼唤伟大理论，伟大时代孕育伟大理论。党的十八大以来，以习近平同志为核心的党中央坚持把马克思主义基本原理同中国具体实际相结合、同中华优秀传统文化相结合，从理论和实践结合上系统回答了新时代坚持和发展什么样的中国特色社会主义、怎样坚持和发展中国特色社会主义，建设什么样的社会主义现代化强国、怎样建设社会主义现代化强国，建设什么样的长期执政的马克思主义政党、怎样建设长期执政的马克思主义政党等重大时代课题，创立了习近平新时代中国特色社会主义思想，实现了马克思主义中国化时代化新的飞跃。这一思想谱写了党的理论创新的新篇章，指导党和国家事业取得全方位、开创性历史成就，发生深层次、根本性历史变革。

中国特色社会主义进入新时代，党和国家事业确立新目标。党的十八大发出了向“两个一百年”奋斗目标进军的新时代号召。党的十九大综合分析国际国内形势和我国发展条件，既对决胜全面建成小康社会、实现第一个百年奋斗目标提出明确要求，又将实现第二个百年奋斗目标分为两个阶段安排：从 2020 年到 2035 年，在全面建成小康社会的基础上，再奋斗 15 年，基本实现社会主义现代化；从 2035 年到本世纪中叶，在基本实现现代化的基础上，再奋斗15年，把我国建成富强民主文明和谐美丽的社会主义现代化强国。党的二十大在全面建成小康社会的基础上，再次明确了全面建成社会主义现代化强国的“两步走”总的战略安排：“从现在起，中国共产党的中心任务就是团结带领全国各族人民全面建成社会主义现代化强国、实现第二个百年奋斗目标，以中国式现代化全面推进中华民族伟大复兴。”

中国特色社会主义进入新时代，意味着近代以来久经磨难的中华民族迎来了从站起来、富起来到强起来的伟大飞跃，迎来了实现中华民族伟大复兴的光明前景；意味着科学社会主义在21世纪的中国焕发出强大生机活力，在世界上高高举起了中国特色社会主义伟大旗帜；意味着中国特色社会主义道路、理论、制度、文化不断发展，拓展了发展中国家走向现代化的途径，给世界上那些既希望加快发展又希望保持自身独立性的国家和民族提供了全新选择，为解决人类问题贡献了中国智慧和中国方案。

中国特色社会主义新时代，是承前启后、继往开来、在新的历史条件下继续夺取中国特色社会主义伟大胜利的时代，是决胜全面建成小康社会、进而全面建设社会主义现代化强国的时代，是全国各族人民团结奋斗、不断创造美好生活、逐步实现全体人民共同富裕的时代，是全体中华儿女勠力同心、奋力实现中华民族伟大复兴中国梦的时代，是我国不断为人类作出更大贡献的时代。

新时代中国特色社会主义是我们党领导人民进行伟大社会革命的成果，也是我们党领导人民进行伟大社会革命的继续，必须一以贯之进行下去。

3 “五位一体”总体布局

中国特色社会主义事业总体布局

党的十八大提出，建设中国特色社会主义，总依据是社会主义初级阶段，总布局是“五位一体”，总任务是实现社会主义现代化和中华民族伟大复兴，对统筹推进经济建设、政治建设、文化建设、社会建设、生态文明建设作出全面部署。党的二十大进一步对新时代统筹推进“五位一体”总体布局作出重大部署。

中国特色社会主义事业总体布局，是我们党对社会主义建设规律在实践和认识上不断深化的重要成果，并在发展中不断丰富和完善。改革开放之初，我们党制定了“一个中心、两个基本点”的基本路线。党的十二届六中全会提出以经济建设为中心，坚定不移地进行政治体制改革，坚定不移地加强精神文明建设的总体布局。党的十六届六中全会提出构建社会主义和谐社会的重大任务，明确了构建社会主义和谐社会在中国特色社会主义事业总体布局中的地位，总体布局扩展为“四位一体”。党的十八大将生态文明建设纳入中国特色社会主义总体布局，使生态文明建设的战略地位更加明确，形成“五位一体”。这是重大理论和实践创新，带来了发展理念和发展方式的深刻转变。

中国特色社会主义是全面发展的社会主义。落实统筹推进“五位一体”总体布局的各项部署，必须全面贯彻党的基本理论、基本路线、基本方略，更好引领党和国家事业发展。

第一，以新发展理念引领高质量发展。必须完整、准确、全面贯彻创新、协调、绿色、开放、共享的新发展理念，坚持社会主义市场经济改革方向，构建高水平社会主义市场经济体制，建设现代化产业体系，全面推进乡村振兴，促进区域协调发展，推进高水平对外开放，加快构建以国内大循环为主体、国内国际双循环相互促进的新发展格局，着力推动高质量发展，实施科教兴国战略，强化现代化建设人才支撑。

第二，发展全过程人民民主，坚定不移走中国特色社会主义政治发展道路。坚持党的领导、人民当家作主、依法治国有机统一；健全人民当家作主制度体系，扩大人民有序政治参与；加强人民当家作主制度保障，坚持和完善我国根本政治制度、基本政治制度、重要政治制度，拓展民主渠道，丰富民主形式；坚持走中国人权发展道路，推动人权事业全面发展；全面发展协商民主，推进协商民主广泛多层制度化发展；积极发展基层民主，健全基层党组织领导的基层群众自治机制；坚持全面依法治国，推进法治中国建设；巩固和发展爱国统一战线，加强和改进党的民族工作。

第三，必须坚持中国特色社会主义文化发展道路，全面建设社会主义文化强国。坚持马克思主义在意识形态领域指导地位的根本制度，建设具有强大凝聚力和引领力的社会主义意识形态，培育和践行社会主义核心价值观，推动中华优秀传统文化创造性转化、创新性发展，提高全社会文明程度，繁荣发展文化事业和文化产业，增强中华文明传播力影响力。

第四，必须坚持在发展中增进民生福祉。实施就业优先战略，健全社会保障体系，健全基本公共服务体系，推进健康中国建设，完善分配制度，扎实推进共同富裕，不断实现人民对美好生活的向往。

第五，必须坚持和推动绿色发展。牢固树立和践行绿水青山就是金山银山的理念，站在人与自然和谐共生的高度谋划发展，推进美丽中国建设。加快发展方式绿色转型，深入推进环境污染防治，提升生态系统多样性、稳定性、持续性，积极稳妥推进碳达峰碳中和。

“五位一体”总体布局是一个有机整体，各方面相互联系、相互促进、不可分割，共同构筑起中国特色社会主义事业的全局，统一于把我国建成富强民主文明和谐美丽的社会主义现代化强国的伟大实践和奋斗目标。“五位一体”总体布局的形成和发展，标志着我国社会主义现代化建设进入新的历史阶段，我们党对于中国特色社会主义的认识达到了新境界。

4 “四个全面”战略布局

新时代治国理政总方略

党的十八大以来，以习近平同志为核心的党中央从坚持和发展中国特色社会主义全局出发，提出并形成了“四个全面”战略布局，确立了新时代党和国家各项工作的战略目标和战略举措，为实现“两个一百年”奋斗目标、实现中华民族伟大复兴的中国梦提供了理论指导和实践指南。

“四个全面”战略布局是以习近平同志为核心的党中央立足中国发展实际，坚持问题导向，逐步形成并协调推进的。党的十八大提出全面建成小康社会的奋斗目标，党的十八届三中全会作出全面深化改革的战略部署，党的十八届四中全会作出全面推进依法治国的战略部署，党的群众路线教育实践活动总结大会作出全面推进从严治党的战略部署。2014 年 11 月，习近平总书记到福建考察调研时提出“协调推进全面建成小康社会、全面深化改革、全面推进依法治国进程”的要求。2014 年 12 月，习近平总书记在江苏调研时提出“协调推进全面建成小康社会、全面深化改革、全面推进依法治国、全面从严治党，推动改革开放和社会主义现代化建设迈上新台阶”。2015 年 2 月，习近平总书记在省部级主要领导干部学习贯彻党的十八届四中全会精神全面推进依法治国专题研讨班开班式上发表重要讲话，明确将“四个全面”定位为“战略布局”。

全面建成社会主义现代化强国是我国到本世纪中叶要实现的宏伟战略目标，党的十九大和二十大对全面建成社会主义现代化强国作出“两步走”的总的战略安排：从 2020 年到 2035 年基本实现社会主义现代化；从 2035 年到本世纪中叶把我国建成富强民主文明和谐美丽的社会主义现代化强国。为了实现上述奋斗目标，必须全面深化改革，推进国家治理体系和治理能力现代化；必须坚持走中国特色社会主义法治道路，完善以宪法为核心的中国特色社会主义法律体系，建设社会主义法治国家，坚持依法治国、依法执政、依法行政共同推进，坚持法治国家、法治政府、法治社会一体建设，全面推进科学立法、严格执法、公正司法、全民守法，全面推进国家各方面工作法治化；必须持之以恒推进全面从严治党，深入推进新时代党的建设新的伟大工程，健全全面从严治党体系，坚持和加强党中央集中统一领导，健全党总揽全局、协调各方的领导制度体系，完善党的自我革命制度规范体系，以党的伟大自我革命引领伟大社会革命。

“四个全面”战略布局，是新的时代条件下坚持和发展中国特色社会主义、推进改革开放和社会主义现代化建设的战略抉择。“四个全面”战略布局，既有战略目标又有战略举措，每一个“全面”都具有重大战略意义。同时，“四个全面”相辅相成、相互促进、相得益彰，具有紧密的内在逻辑，是一个整体战略部署的有机展开整体。随着全面建成小康社会取得决定性进展，2020 年 10 月，党的十九届五中全会提出了“十四五”时期经济社会发展的指导思想和必须遵循的原则，要求统筹推进经济建设、政治建设、文化建设、社会建设、生态文明建设的总体布局，协调推进全面建设社会主义现代化国家、全面深化改革、全面依法治国、全面从严治党的战略布局，适时将“全面建成小康社会”调整为“全面建设社会主义现代化国家”。其中，全面建设社会主义现代化国家是战略目标，居于引领地位；全面深化改革、全面依法治国、全面从严治党是三大战略举措，为战略目标提供重要保障。

5 四个伟大

新时代党治国理政的总体框架

2017 年 7 月 26 日，习近平总书记在省部级主要领导干部“学习习近平总书记重要讲话精神，迎接党的十九大”专题研讨班开班式上的重要讲话中指出，在新的时代条件下，我们要进行伟大斗争、建设伟大工程、推进伟大事业、实现伟大梦想。党的十九大报告指出，实现中华民族伟大复兴是近代以来中华民族最伟大的梦想。实现伟大梦想，必须进行伟大斗争，建设伟大工程，推进伟大事业。把“四个伟大”放在一起加以强调，指明了新时代党治国理政的总体框架。

中华民族是世界上古老而伟大的民族，创造了绵延 5000 多年的灿烂文明，为人类文明进步作出了不可磨灭的贡献。鸦片战争以后，由于西方列强入侵和封建统治腐败，中国逐步成为半殖民地半封建社会，中华民族遭受了前所未有的劫难。为了拯救民族危亡，中国人民奋起反抗，进行了可歌可泣的斗争，但都以失败告终。在中国人民和中华民族的伟大觉醒中，在马克思列宁主义同中国工人运动的紧密结合中，中国共产党应运而生。我们党一经成立，就把实现共产主义作为自己的最高理想和最终目标，义无反顾肩负起实现中华民族伟大复兴的历史使命，团结带领人民胜利取得了革命、建设、改革的伟大成就。

中国特色社会主义进入新时代，中华民族迎来了从站起来、富起来到强起来的伟大飞跃，迎来了实现中华民族伟大复兴的光明前景。“行百里者半九十。”中华民族伟大复兴，绝不是轻轻松松、敲锣打鼓就能实现的，全党必须准备付出更为艰巨、更为艰苦的努力。

实现伟大梦想，必须进行伟大斗争。人类社会是在矛盾运动中前进的，有矛盾就会有斗争。我们党要团结带领人民有效应对重大挑战、抵御重大风险、克服重大阻力、解决重大矛盾，必须进行具有许多新的历史特点的伟大斗争，任何贪图享受、消极懈怠、回避矛盾的思想和行为都是错误的。全党要更加自觉地坚持党的领导和我国社会主义制度，坚决反对一切削弱、歪曲、否定党的领导和我国社会主义制度的言行；更加自觉地维护人民利益，坚决反对一切损害人民利益、脱离群众的行为；更加自觉地投身改革创新时代潮流，坚决破除一切顽瘴痼疾；更加自觉地维护我国主权、安全、发展利益，坚决反对一切分裂祖国、破坏民族团结和社会和谐稳定的行为；更加自觉地防范各种风险，坚决战胜一切在政治、经济、文化、社会等领域和自然界出现的困难和挑战。全党要充分认识到这场伟大斗争的长期性、复杂性、艰巨性，发扬斗争精神，提高斗争本领，不断夺取伟大斗争新胜利。

实现伟大梦想，必须建设伟大工程。历史已经证明并将继续证明，没有中国共产党的领导，民族复兴必然是空想。“打铁必须自身硬。”党要团结带领人民进行伟大斗争、推进伟大事业、实现伟大梦想，必须坚定不移全面从严治党，深入推进新时代党的建设新的伟大工程。全党要更加自觉地坚定党性原则，勇于直面问题，敢于刮骨疗毒，消除一切损害党的先进性和纯洁性的因素，清除一切侵蚀党的健康肌体的病毒，不断增强党的政治领导力、思想引领力、群众组织力、社会号召力，确保我们党永葆旺盛生命力和强大战斗力。

实现伟大梦想，必须推进伟大事业。中国特色社会主义是改革开放以来党的全部理论和实践的主题，是党和人民历尽千辛万苦、付出巨大代价取得的根本成就。中国特色社会主义道路是实现社会主义现代化、创造人民美好生活的必由之路，中国特色社会主义理论体系是指导党和人民实现中华民族伟大复兴的正确理论，中国特色社会主义制度是当代中国发展进步的根本制度保障，中国特色社会主义文化是激励全党全国各族人民奋勇前进的强大精神力量。我们必须更加自觉地增强道路自信、理论自信、制度自信、文化自信，坚持实干兴邦，始终坚持和发展中国特色社会主义。

伟大斗争、伟大工程、伟大事业、伟大梦想是一个紧密联系、相互贯通、相互作用、有机统一的整体，统一于新时代坚持和发展中国特色社会主义伟大实践。伟大梦想是目标，指引着正确方向，为伟大斗争、伟大工程、伟大事业破浪前行领航导向；伟大斗争是动力，昭示着中国共产党的担当精神，为伟大工程、伟大事业、伟大梦想破解难题，扫除障碍，提供牵引；伟大工程是保证，为伟大斗争、伟大事业、伟大梦想提供坚强保证；伟大事业是路径，宣示着举什么旗、走什么路，为伟大斗争、伟大工程、伟大梦想开辟前进的道路。在“四个伟大”中，起决定性作用的是党的建设新的伟大工程。

6 十大历史经验

党和人民百年奋斗共同创造的精神财富

党的十九届六中全会通过的《历史决议》指出：“一百年来，党领导人民进行伟大奋斗，在进取中突破，于挫折中奋起，从总结中提高，积累了宝贵的历史经验。”

第一，坚持党的领导。中国共产党是领导我们事业的核心力量。历史和现实都证明，没有中国共产党，就没有新中国，就没有中华民族伟大复兴。只要我们坚持党的全面领导不动摇，坚决维护党的核心和党中央权威，充分发挥党的领导政治优势，把党的领导落实到党和国家事业各领域各方面各环节，就一定能够确保全党全军全国各族人民团结一致向前进。

第二，坚持人民至上。党的根基在人民、血脉在人民、力量在人民，人民是党执政兴国的最大底气。党代表中国最广大人民根本利益，没有任何自己特殊的利益，从来不代表任何利益集团、任何权势团体、任何特权阶层的利益，这是党立于不败之地的根本所在。只要我们始终坚持全心全意为人民服务的根本宗旨，坚持党的群众路线，坚持一切为了人民、一切依靠人民，就一定能够领导人民夺取中国特色社会主义新的更大胜利。

第三，坚持理论创新。马克思主义是我们立党立国、兴党兴国的根本指导思想。党之所以能够领导人民完成中国其他各种政治力量不可能完成的艰巨任务，根本在于坚持解放思想、实事求是、与时俱进、求真务实，坚持“两个结合”，不断推进马克思主义中国化时代化。只要我们勇于结合新的实践不断推进理论创新、善于用新的理论指导新的实践，就一定能够让马克思主义在中国大地上展现出更强大、更有说服力的真理力量。

第四，坚持独立自主。独立自主是中华民族精神之魂，是我们立党立国的重要原则。走自己的路，是党百年奋斗得出的历史结论。党历来坚持独立自主开拓前进道路，坚持把国家和民族发展放在自己力量的基点上。只要我们坚持独立自主、自力更生，既虚心学习借鉴国外的有益经验，又坚定民族自尊心和自信心，就一定能够把中国发展进步的命运始终牢牢掌握在自己手中。

第五，坚持中国道路。党在百年奋斗中始终坚持从我国国情出发，探索并形成符合中国实际的正确道路。中国特色社会主义道路是创造人民美好生活、实现中华民族伟大复兴的康庄大道。只要我们坚定不移走中国特色社会主义道路，就一定能够把我国建设成为富强民主文明和谐美丽的社会主义现代化强国。

第六，坚持胸怀天下。大道之行，天下为公。党始终以世界眼光关注人类前途命运，正确认识和处理同外部世界的关系，站在历史正确的一边，站在人类进步的一边。只要我们坚持和平发展道路，不依附别人，不掠夺别人，永远不称霸，就一定能够不断为人类文明进步贡献智慧和力量，同世界各国人民一道，推动历史车轮向着光明的前途前进。

第七，坚持开拓创新。创新是一个国家、一个民族发展进步的不竭动力。越是伟大的事业，越充满艰难险阻，越需要艰苦奋斗，越需要开拓创新。党领导人民不断推进理论创新、实践创新、制度创新、文化创新以及其他各方面创新，走出了前人没有走出的路。只要我们顺应时代潮流，回应人民要求，勇于推进改革，准确识变、科学应变、主动求变，就一定能够创造出更多令人刮目相看的人间奇迹。

第八，坚持敢于斗争。敢于斗争、敢于胜利，是党和人民不可战胜的强大精神力量。党和人民取得的一切成就，是通过不断斗争取得的。只要我们把握新的伟大斗争的历史特点，抓住和用好历史机遇，下好先手棋、打好主动仗，发扬斗争精神，增强斗争本领，凝聚起全党全国人民的意志和力量，就一定能够战胜一切可以预见和难以预见的风险挑战。

第九，坚持统一战线。团结就是力量。建立最广泛的统一战线，是党克敌制胜的重要法宝，也是党执政兴国的重要法宝。党始终坚持大团结大联合，最大限度凝聚起共同奋斗的力量。只要我们不断巩固和发展各民族大团结、全国人民大团结、全体中华儿女大团结，铸牢中华民族共同体意识，形成海内外全体中华儿女心往一处想、劲往一处使的生动局面，就一定能够汇聚起实现中华民族伟大复兴的磅礴伟力。

第十，坚持自我革命。勇于自我革命是中国共产党区别于其他政党的显著标志。党历经百年沧桑更加充满活力，其奥秘就在于始终坚持真理、修正错误。只要我们不断清除一切损害党的先进性和纯洁性的因素，不断清除一切侵蚀党的健康肌体的病毒，就一定能够确保党不变质、不变色、不变味，确保党在新时代坚持和发展中国特色社会主义的历史进程中始终成为坚强领导核心。

十大历史经验系统完整、相互贯通，是经过长期实践积累的宝贵经验，是党和人民共同创造的精神财富，必须倍加珍惜、长期坚持，并在新时代伟大实践中不断丰富和发展。

7 五个必由之路

在长期实践中得出的至关紧要的规律性认识

2022年3月5日，习近平总书记在参加十三届全国人大五次会议内蒙古代表团审议时，首次提出了“五个必由之路”的重大论断。在党的二十大报告中，习近平总书记再次强调，坚持党的全面领导是坚持和发展中国特色社会主义的必由之路，中国特色社会主义是实现中华民族伟大复兴的必由之路，团结奋斗是中国人民创造历史伟业的必由之路，贯彻新发展理念是新时代我国发展壮大的必由之路，全面从严治党是党永葆生机活力、走好新的赶考之路的必由之路。这是中国共产党人在长期实践中得出的至关紧要的规律性认识，必须倍加珍惜、始终坚持，咬定青山不放松，引领和保障中国特色社会主义巍巍巨轮乘风破浪、行稳致远。

坚持党的全面领导是坚持和发展中国特色社会主义的必由之路。中国共产党领导是中国特色社会主义最本质的特征，是中国特色社会主义制度的最大优势。中国共产党是中国特色社会主义事业的领导核心，处在总揽全局、协调各方的地位，是最高的政治领导力量。100多年来，党领导人民创造了新民主主义革命、社会主义革命和建设、改革开放和社会主义现代化建设的伟大成就，创造了新时代中国特色社会主义的伟大成就。只要坚定不移坚持党的全面领导、维护党中央权威和集中统一领导，我们就一定能够确保全党全国拥有团结奋斗的强大政治凝聚力、发展自信心，集聚起守正创新、共克时艰的强大力量，形成风雨来袭时全体人民最可靠的主心骨。

中国特色社会主义是实现中华民族伟大复兴的必由之路。中国特色社会主义，最本质的特征是中国共产党领导，最鲜明的特色是理论创新和实践创新、制度自信和文化自信紧密结合，在推动发展上拥有强大的政治优势、理论优势、制度优势、文化优势。中国特色社会主义是改革开放以来党的全部理论和实践的主题。全党必须高举中国特色社会主义伟大旗帜，牢固树立中国特色社会主义道路自信、理论自信、制度自信、文化自信，确保党和国家事业始终沿着正确方向胜利前进。

团结奋斗是中国人民创造历史伟业的必由之路。100 多年来，党和人民取得的一切成就都是团结奋斗的结果，团结奋斗是中国共产党和中国人民最显著的精神标识。100 多年的奋斗历史告诉我们，团结就是力量，奋斗开创未来；能团结奋斗的民族才有前途，能团结奋斗的政党才能立于不败之地。我们党靠团结奋斗创造了辉煌历史，还要靠团结奋斗开辟美好未来。只要 14 亿多中国人民始终手拉着手一起向未来，只要党始终与人民心连着心一起向未来，我们就一定能在新的赶考之路上继续创造令人刮目相看的奇迹！

贯彻新发展理念是新时代我国发展壮大的必由之路。党的十八大以来，我们党对经济社会发展提出了许多重大理论和理念，其中新发展理念是最重要、最主要的理念。新发展理念系统回答了关于发展的目的、动力、方式、路径等一系列理论和实践问题，阐明了我们党关于发展的政治立场、价值导向、发展模式、发展道路等重大政治问题。只要完整、准确、全面贯彻新发展理念，加快构建新发展格局，推动高质量发展，加快实现科技自立自强，我们就一定能够不断提高我国发展的竞争力和持续力，在日趋激烈的国际竞争中把握主动、赢得未来。

全面从严治党是党永葆生机活力、走好新的赶考之路的必由之路。党的十八大以来，党中央把全面从严治党纳入“四个全面”战略布局，以前所未有的勇气和定力推进党风廉政建设和反腐败斗争，刹住了一些多年未刹住的歪风邪气，解决了许多长期没有解决的顽瘴痼疾，清除了党、国家、军队内部存在的严重隐患，管党治党宽松软状况得到根本扭转，探索出依靠党的自我革命跳出治乱兴衰历史周期率的成功路径。党的十八大以来，全面从严治党取得了历史性、开创性成就，产生了全方位、深层次影响，必须长期坚持、不断推进。

“五个必由之路”是我们党在长期实践中得出的至关紧要的规律性认识，进一步体现了中国共产党高度的历史自信和对历史规律的深刻把握，进一步揭示了中国共产党过去为什么能够成功、未来怎样才能继续成功的制胜密码，对于新时代新征程全面建设社会主义现代化国家、全面推进中华民族伟大复兴具有十分重要的理论意义和实践意义。

8 五个战略性有利条件

新时代新征程我国面临的战略机遇和显著优势

2022 年全国两会期间，习近平总书记在参加全国政协十三届五次会议农业界、社会福利和社会保障界委员联组会时，提出并阐明了我国发展仍具有“五个战略性有利条件”，这就是：有中国共产党的坚强领导，有中国特色社会主义制度的显著优势，有持续快速发展积累的坚实基础，有长期稳定的社会环境，有自信自强的精神力量。

有中国共产党的坚强领导。中国共产党是中国特色社会主义事业的领导核心，处在总揽全局、协调各方的地位。中国共产党的坚强领导，是沉着应对各种重大风险挑战的根本政治保证。中国共产党的坚强领导，从根本上改变了中国人民的前途命运，开辟了实现中华民族伟大复兴的正确道路。党的十八大以来，在以习近平同志为核心的党中央坚强领导下，党和国家事业取得历史性成就、发生历史性变革，推动中华民族伟大复兴进入了不可逆转的历史进程。历史和现实都雄辩证明，只要毫不动摇坚持和加强党的全面领导，永远保持党同人民群众的血肉联系，我们就一定能凝聚起战胜各种风险挑战的强大力量。

有中国特色社会主义制度的显著优势。制度优势是一个国家的最大优势，制度竞争是国家间最根本的竞争。中国特色社会主义制度和国家治理体系是以马克思主义为指导、植根中国大地、具有深厚中华文化根基、深得人民拥护的制度与治理体系，是具有党的集中统一领导、人民当家作主、全面依法治国等 13 个方面显著优势的制度和治理体系，是具有强大生命力和自我完善能力的制度与治理体系，是能够持续推动拥有 14 亿多人口大国进步和发展、确保拥有 5000 多年文明史的中华民族实现第二个百年奋斗目标进而实现伟大复兴的制度和治理体系。

有持续快速发展积累的坚实基础。新中国成立 70 多年来，我国仅用几十年时间就走完了发达国家几百年走过的工业化历程，创造了经济快速发展的奇迹。党的十八大以来，我国经济发展平衡性、协调性、可持续性明显增强，国家经济实力、科技实力、国防实力、综合国力跃上新台阶，我国经济迈上更高质量、更有效率、更加公平、更可持续、更为安全的发展之路。我国具有独立完整的工业体系和国民经济体系，经济体量大、回旋余地广，又有超大规模市场，长期向好的基本面不会改变，具有强大的韧性和活力，为我们抵御各种风险挑战奠定了“家底”，为我们跃上更高发展台阶筑牢了基石。

有长期稳定的社会环境。国家安全是民族复兴的根基，社会稳定是国家强盛的前提。新中国成立 70 多年来，党领导人民创造了社会长期稳定奇迹。党的十八大以来，我国社会建设全面加强，人民生活全方位改善，人民获得感、幸福感、安全感显著增强，社会治理社会化、法治化、智能化、专业化水平大幅度提升，发展了人民安居乐业、社会安定有序的良好局面，续写了社会长期稳定奇迹。

有自信自强的精神力量。人无精神则不立，国无精神则不强。唯有精神上站得住、站得稳，一个民族才能在历史洪流中屹立不倒、挺立潮头。党的十八大以来，以习近平同志为核心的党中央领导全党全军全国各族人民砥砺前行，党和国家事业取得历史性成就、发生历史性变革，为实现中华民族伟大复兴提供了更为主动的精神力量。今天，中国人民更加自信、自立、自强，积极性、主动性、创造性进一步激发，志气、骨气、底气空前增强，党心军心民心昂扬振奋，汇聚起砥砺前行、攻坚克难的强大精神力量。

“五个战略性有利条件”，是对新时代新征程上我国面临的战略机遇和显著优势的精辟概括和深刻阐释，为推动经济社会平稳健康发展提供了重要认识论和方法论。我们要切实抓住并用好“五个战略性有利条件”，在全面建设社会主义现代化国家、全面推进中华民族伟大复兴的进程中展现新作为、作出新贡献。

三

以中国式现代化全面推进中华民族伟大复兴

三 以中国式现代化全面推进中华民族伟大复兴

- 一个中心任务：全面建成社会主义现代化强国、全面推进中华民族伟大复兴
- “两步走”总的战略安排：全面建设社会主义现代化国家的任务书、路线图、时间表
  - 从 2020 年到 2035 年基本实现社会主义现代化
  - 从 2035 年到本世纪中叶把我国建成富强民主文明和谐美丽的社会主义现代化强国
- 五个方面中国特色：中国式现代化的鲜明特色
  - 是人口规模巨大的现代化
  - 是全体人民共同富裕的现代化
  - 是物质文明和精神文明相协调的现代化
  - 是人与自然和谐共生的现代化
  - 是走和平发展道路的现代化
- 九个方面本质要求：中国式现代化的本质要求
  - 坚持中国共产党领导
  - 坚持中国特色社会主义
  - 实现高质量发展
  - 发展全过程人民民主
  - 丰富人民精神世界
  - 实现全体人民共同富裕
  - 促进人与自然和谐共生
  - 推动构建人类命运共同体
  - 创造人类文明新形态
- 六个重大关系：推进中国式现代化需要处理好的重大关系
  - 顶层设计与实践探索
  - 战略与策略
  - 守正与创新
  - 效率与公平
  - 活力与秩序
  - 自立自强与对外开放
- 五个重大原则：推进中国式现代化必须牢牢把握的重大原则
  - 坚持和加强党的全面领导
  - 坚持中国特色社会主义道路
  - 坚持以人民为中心的发展思想
  - 坚持深化改革开放
  - 坚持发扬斗争精神
- “六观”中国式现代化：对世界现代化理论和实践的重大创新
  - 独特世界观
  - 独特价值观
  - 独特历史观
  - 独特文明观
  - 独特民主观
  - 独特生态观

1 一个中心任务

全面建成社会主义现代化强国、全面推进中华民族伟大复兴

党的十九届六中全会通过的《中共中央关于党的百年奋斗重大成就和历史经验的决议》指出："党的十八大以来，中国特色社会主义进入新时代。党面临的主要任务是，实现第一个百年奋斗目标，开启实现第二个百年奋斗目标新征程，朝着实现中华民族伟大复兴的宏伟目标继续前进。"习近平总书记在党的二十大报告中进一步明确指出："从现在起，中国共产党的中心任务就是团结带领全国各族人民全面建成社会主义现代化强国、实现第二个百年奋斗目标，以中国式现代化全面推进中华民族伟大复兴。"这个中心任务的确定，符合党和国家事业发展新要求，顺应人民群众新期待，立足于我们对中国式现代化的独立探索和坚定自信。

一个时代有一个时代的主题、方向，一段征程有一段征程的使命、任务。中心任务的确定是基于对社会主要矛盾的判断。能否科学认识社会主要矛盾和正确把握党的中心任务，直接决定党和国家各项事业能否顺利推进。中国特色社会主义进入新时代，我国社会主要矛盾已经转化为人民日益增长的美好生活需要和不平衡不充分的发展之间的矛盾，我

们党据此确定了新时代新征程的中心任务和战略举措。

实现中华民族伟大复兴是近代以来中国人民的共同梦想。1921 年中国共产党的创立，成为中国现代化进程的历史转折点。从此，中国现代化就有了主心骨，中国现代化历程的真正开启就有了领导力量。建设现代化国家是中国共产党自成立起就肩负的历史使命，贯穿百余年奋斗的伟大历程。在 1945 年召开的党的七大上，毛泽东明确提出“为着中国的工业化和农业近代化而斗争”的任务。1964 年，周恩来在第三届全国人民代表大会第一次会议上明确提出“把我国建设成为一个具有现代农业、现代工业、现代国防和现代科学技术的社会主义强国”的任务。进入改革开放和社会主义现代化建设新时期，中国共产党根据新的实际和历史经验，确立了实现社会主义现代化的正确道路。邓小平结合中国具体国情和客观实际，使用“小康”这一概念表达“中国式的四个现代化”“中国式的现代化”，贴切地表达了中国人民千百年来对殷实、富裕、美好生活的向往和追求。此后，“小康社会”“全面建设小康社会”“全面建成小康社会”成为标定中国式现代化历史发展特征的重要概念。

新时代十年，中国完成了从全面建成小康社会到全面建设社会主义现代化国家新征程的跨越，中华民族伟大复兴进入了不可逆转的历史进程，中国共产党对建设社会主义现代化国家在认识上不断深入、在战略上不断完善、在实践上不断丰富，成功推进和拓展了中国式现代化。具体而言，在认识上，习近平新时代中国特色社会主义思想的创立，实现了马克思主义中国化时代化新的飞跃，为中国式现代化提供了科学指引。党的二十大报告概括形成的中国式现代化的中国特色、本质要求和重大原则，初步构建起中国式现代化的理论体系，使中国式现代化更加清晰、更加科学、更加可感可行；在战略上，通过坚决贯彻新发展理念，加快构建新发展格局，着力推动高质量发展，深入实施科教兴国战略、人才强国战略、创新驱动发展战略、乡村振兴战略等一系列重大战略，为中国式现代化提供了坚实战略支撑；在实践上，通过推进一系列变革性实践、实现一系列突破性进展、取得一系列标志性成果，推动党和国家事业取得历史性成就、发生历史性变革，为中国式现代化提供了更为完善的制度保证、更为坚实的物质基础、更为主动的精神力量。

历史证明，中国式现代化是我们党领导人民长期探索和实践的重大成果，这条路走得通、行得稳，是强国建设、民族复兴的唯一正确道路。从现在起，我们要把全部精力、全部热情、全部奋斗，都投入到全面建成社会主义现代化强国的战略目标上来，以中国式现代化全面推进中华民族伟大复兴。

2 “两步走”总的战略安排

全面建设社会主义现代化国家的任务书、路线图、时间表

新中国成立以来，中国共产党在每一个历史时期都绘制社会主义现代化发展蓝图，制定清晰的战略步骤，明确完成阶段性目标的时间节点，团结带领全国人民一代接着一代干、一棒接着一棒跑、一关接着一关闯，为完成各个阶段的目标任务共同奋斗。

党的二十大对全面建成社会主义现代化强国作出分“两步走”总的战略安排：从 2020 年到 2035 年基本实现社会主义现代化；从 2035 年到本世纪中叶把我国建成富强民主文明和谐美丽的社会主义现代化强国。

到 2035 年，我国发展的总体目标是：经济实力、科技实力、综合国力大幅跃升，人均国内生产总值迈上新的大台阶，达到中等发达国家水平；实现高水平科技自立自强，进入创新型国家前列；建成现代化经济体系，形成新发展格局，基本实现新型工业化、信息化、城镇化、农业现代化；基本实现国家治理体系和治理能力现代化，全过程人民民主制度更加健全，基本建成法治国家、法治政府、法治社会；建成教育强国、科技强国、人才强国、文化强国、体育强国、健康中国，国家文化

软实力显著增强；人民生活更加幸福美好，居民人均可支配收入再上新台阶，中等收入群体比重明显提高，基本公共服务实现均等化，农村基本具备现代生活条件，社会保持长期稳定，人的全面发展、全体人民共同富裕取得更为明显的实质性进展；广泛形成绿色生产生活方式，碳排放达峰后稳中有降，生态环境根本好转，美丽中国目标基本实现；国家安全体系和能力全面加强，基本实现国防和军队现代化。到本世纪中叶，建设成为综合国力和国际影响力领先的社会主义现代化强国。

中国共产党深知开局起步的关键时期的重要意义，不仅善于做长期和远景规划，还善于做短期和近景规划。这是保证中国式现代化沿着正确方向持续推进、朝着具体目标坚定前行的强大政治优势。在制定了全面建成社会主义现代化强国的“两步走”总的战略安排之后，党的二十大还从 8 个方面明确了未来 5 年我国社会主义现代化建设的主要目标任务：经济高质量发展取得新突破，科技自立自强能力显著提升，构建新发展格局和建设现代化经济体系取得重大进展；改革开放迈出新步伐，国家治理体系和治理能力现代化深入推进，社会主义市场经济体制更加完善，更高水平开放型经济新体制基本形成；全过程人民民主制度化、规范化、程序化水平进一步提高，中国特色社会主义法治体系更加完善；人民精神文化生活更加丰富，中华民族凝聚力和中华文化影响力不断增强；居民收入增长和经济增长基本同步，劳动报酬提高与劳动生产率提高基本同步，基本公共服务均等化水平明显提升，多层次社会保障体系更加健全；城乡人居环境明显改善，美丽中国建设成效显著；国家安全更为巩固，建军一百年奋斗目标如期实现，平安中国建设扎实推进；中国国际地位和影响进一步提高，在全球治理中发挥更大作用。

党的二十大报告制定的全面建设社会主义现代化国家的任务书、路线图、时间表，是在深刻把握世界现代化发展普遍规律和中国式现代化发展特殊规律的基础上描绘出来的，既体现了世界各国现代化的共同特征，更有基于中国国情的中国特色。明确的目标任务、清晰的路线图和时间表为中国人民指明了努力方向，创造了奋斗空间，必将激发亿万群众以自信自强、守正创新和踔厉奋发、勇毅前行的精神把任务书完成好、把路线图执行好、把时间表落实好。

3 五个方面中国特色
中国式现代化的鲜明特色

中国式现代化的“中国式”内在规定着其性质和特色，即中国式现代化是基于中国具体国情、具有中国历史传承、植根中华优秀传统文化之中的社会主义现代化。2021年1月，习近平总书记在省部级主要领导干部学习贯彻党的十九届五中全会精神专题研讨班上的讲话中指出：“我国现代化是人口规模巨大的现代化，是全体人民共同富裕的现代化，是物质文明和精神文明相协调的现代化，是人与自然和谐共生的现代化，是走和平发展道路的现代化。”党的二十大报告重申了中国式现代化的中国特色，深刻揭示了中国式现代化的科学内涵。

中国式现代化是人口规模巨大的现代化。人口规模是影响一个国家现代化发展速度、规模、方式的重要变量。18世纪下半叶英国开启现代化历史进程时，人口规模以千万计。20世纪美国成为世界现代化的“领头羊”时，人口规模以亿计。中国的现代化则是要实现14亿多人口的整体性现代化。这是人类历史上人口规模最大的现代化，也是难度最大的现代化。习近平总书记指出：“迄今为止，世界上实现工业化的国家不超过30个，人口总数不超过10亿。中国14亿多人口实现现代化将是人类发展史上前所未有的大事。”实现如此庞大人口体量的现代化，没有现成道路可复制、没有成熟经验可借鉴、没有外部力量可依赖，其艰巨性和复杂性前所未有。新时代新征程上，中国的发展途径和推进方式必然具有自己的特点，坚持稳中求进、循序渐进、持续推进。推进如此庞大人口体量的现代化，将极大改变现代化的世界版图，对人类历史发展产生深远影响。

中国式现代化是全体人民共同富裕的现代化。实现全体人民共同富裕，让老百姓都过上好日子，这是由党的性质和宗旨决定的，也是由中国特色社会主义制度的本质决定的。社会主义现代化天然蕴含着对共富共享的价值追求，从根本上决定了社会财富的创造、流向和分配。共同富裕体现了社会主义发展的目的和价值，是中国式现代化的重要特征。当然，共同富裕不是平均主义，不是劫富济贫，也不是同等富裕、同步富裕，而是需要经历一个长期的历史过程，不可能一蹴而就。实现共同富裕需要依靠广大人民群众共同参与、一起奋斗，避免“内卷”“躺平”。我们必须坚守人民至上理念，突出现代化方向的人民性，致力于在改革、教育、司法等领域保障和促进社会公平正义，为努力奋斗、勤劳致富的人民群众打通社会流动渠道，坚决防止两极分化，同时有效防止“贫困的代际传递”，健全和完善多层次社会福利制度，兼顾社会福利的公平性和经济效率，防止陷入西方的“福利陷阱”。

中国式现代化是物质文明和精神文明相协调的现代化。物质富足、精神富有是社会主义现代化的根本要求。物质贫困不是社会主义，精神贫乏也不是社会主义。在推进社会主义现代化的进程中，物质文明和精神文明犹如车之两轮、鸟之两翼，只有二者相辅相成、协同发力，才能推动社会整体跃升。习近平总书记强调：“当高楼大厦在中国大地上遍地林立时，中华民族精神的大厦也应该巍然耸立。”中国式现代化要注重不断厚植现代化的物质基础，不断夯实人民幸福生活的物质条件，同时要大力发展社会主义先进文化，加强理想信念教育，传承中华文明，促进物的全面丰富和人的全面发展。

中国式现代化是人与自然和谐共生的现代化。资本主义现代化制造了人与自然的对立，自然界不再是人的“无机的身体”，而是成为人类剥削掠夺的对象；反过来，自然也以自己的方式报复、惩罚人类。西方现代化那种竭泽而渔、先污染后治理或边污染边治理的发展方式已经造成了一系列严重的全球性问题，给人类带来了深刻的生存危机。习近平总书记强调，“中国式现代化必须走人与自然和谐共生的新路。这是对我们自己负责，也是对世界负责”，“我们不能吃祖宗饭、断子孙路”，必须对子孙后代负责。必须牢固树立和践行绿水青山就是金山银山的理念，坚持可持续发展，坚持节约资源和保护环境的基本国策，坚持节约优先、保护优先、自然恢复为主的方针，像保护眼睛一样保护自然和生态环境，坚定不移走生产发展、生活富裕、生态良好的文明发展道路，实现中华民族永续发展。

中国式现代化是走和平发展道路的现代化。西方大国实现现代化的过程，就是殖民扩张和掠夺的过程。西方大国的现代化与广大发展中国家和地区的落后、不发达是同一个历史过程的两个方面。西方大国的现代化往往伴随着发展中国家的血与火、苦与泪。人类发展的大潮流，世界变化的大格局，中国特色社会主义制度的性质，中华优秀传统文化蕴含的“协和万邦”“亲仁善邻”“天下大同”的和平因子，决定中国将始终坚定不移走和平发展道路。2022 年 11 月 17 日，在亚太经合组织工商领导人峰会上，习近平主席强调:“中国人民最希望看到的是和平稳定。走和平发展道路是根据中国人民根本利益作出的战略抉择。”我们始终坚定站在历史正确的一边、站在人类文明进步的一边，高举和平、发展、合作、共赢旗帜，在坚定维护世界和平与发展中既谋求自身发展，又以自身发展更好维护世界和平与发展。

从辩证视野、整体视野、比较视野阐释中国式现代化的中国特色，是深刻理解中国式现代化科学内涵的重要维度。第一，党的二十大报告对中国式现代化的中国特色的阐释既是事实判断，也是价值要求；既是中国式现代化的发展目标，也贯彻体现在中国式现代化的实践过程之中。中国式现代化既有各国现代化的共同特征，更有基于自己国情的中国特色，这就要求我们以普遍性和特殊性的辩证统一视野理解中国式现代化，提升对中国式现代化的理论自觉和道路自信。第二，中国式现代化以人的现代化为中心，以实现人的自由全面发展和社会全面进步为根本旨归，中国式现代化的中国特色涉及人与人、人与自身、人与自然、人与社会的相处之道和全方位的和谐，分别体现了社会主义现代化的普惠性、共享性、全面协调性、可持续性、互利性特征。第三，2021 年

11 月，习近平总书记在党的十九届六中全会第二次全体会议上发表重要讲话，在阐述中国共产党的成就和贡献时指出，中国成功走出了中国式现代化新道路，创造了人类文明新形态，这些创举破解了人类社会发展的诸多难题，“摒弃了西方以资本为中心的现代化、两极分化的现代化、物质主义膨胀的现代化、对外扩张掠夺的现代化老路，拓展了发展中国家走向现代化的途径，为人类对更好社会制度的探索提供了中国方案”。这一重要论断以比较的视野揭示了中国式现代化的鲜明特色。

4 九个方面本质要求

中国式现代化的本质要求

党的二十大报告明确提出中国式现代化的本质要求：“坚持中国共产党领导，坚持中国特色社会主义，实现高质量发展，发展全过程人民民主，丰富人民精神世界，实现全体人民共同富裕，促进人与自然和谐共生，推动构建人类命运共同体，创造人类文明新形态。”这是我们党对中国式现代化本质要求的首次集中概括，强调了党的领导和中国特色社会主义的政治方向，强调了中国式现代化各个领域的重点要求与战略任务，阐明了中国式现代化的国际贡献和世界意义。通过对中国式现代化本质要求的阐发，中国式现代化的方向更为明确、要求更为清晰、任务更为聚焦。

第一，强调中国式现代化的领导力量和社会主义性质。“中国式现代化，是中国共产党领导的社会主义现代化。”这个重要论断既指明了中国式现代化的领导力量，又指明了中国式现代化的社会主义性质。百余年来，中国共产党团结带领中国人民所进行的一切奋斗，就是为了把我国建设成为社会主义现代化强国，实现中华民族伟大复兴。历史已经证明并将继续证明，实现中国式现代化，要有主心骨、定盘星，要有坚强领导核心，要始终坚持中国共产党领导。中国共产党团结领导中国人民进行的中国式现代化是社会主义现代化，而不是别的什么现代化。新时代新征程，以中国式现代化全面推进中华民族伟大复兴，必须坚持社会主义方向不动摇。

第二，明确中国式现代化在经济建设、政治建设、文化建设、社会建设、生态文明建设 5 个方面的具体要求。在战略部署方面，必须坚持“五位一体”总体布局的统筹协调发展。随着我国社会主要矛盾的变化，为了满足人民日益增长的美好生活需要，在经济领域，把实现高质量发展作为全面建设社会主义现代化国家的首要任务，为全面建成社会主义现代化强国奠定坚实的物质基础；在政治领域，发展全过程人民民主，把最广泛、最真实、最管用的民主发展好，“提高深度协商互动、意见充分表达、广泛凝聚共识水平”，切实体现“有事好商量，众人的事情由众人商量”的人民民主真谛；在文化领域，丰富人民精神世界，增强文化自信和实现中华民族伟大复兴的精神力量；在社会领域，实现全体人民共同富裕，增进民生福祉，提高人民生活品质，不断满足人民对美好生活的需要；在生态文明领域，促进人与自然和谐共生，尊重自然、顺应自然、保护自然，推进美丽中国建设。

第三，阐明推进和拓展中国式现代化的国际贡献和世界意义。在国际贡献方面，必须坚持推动构建人类命运共同体、创造人类文明新形态。14 亿多人口通过中国式现代化解决了生存问题，摆脱了绝对贫困，并逐步实现共同富裕，这种发展成就具有非同寻常的中国意义。中华民族迎来了从站起来、富起来到强起来的伟大飞跃，距离实现中华民族伟大复兴的目标越来越近。中国是世界上最大的发展中国家，中国的发展强大对提升整个世界的现代化水平是一种积极贡献。中国式现代化的成功，极大改变了现代化的世界版图。从更深远的意义来说，中国式现代化的成功，“打破了‘现代化 = 西方化’的迷思，展现了现代化的另一幅图景，拓展了发展中国家走向现代化的路径选择，为人类对更好社会制度的探索提供了中国方案”。中国正在向发展中国家提供全球公共产品，为这些国家如何走向现代化提供真诚建议。中国提出构建人类命运共同体的理念，并高擎和平、发展、合作、共赢的旗帜，以实际行动积极推动构建人类命运共同体，不断以现代化成就造福自己、惠及世界。

习近平总书记指出，中国式现代化是绝无仅有、史无前例、空前伟大的。中国式现代化，深深植根于中华文明沃土之中，体现科学社会主义的先进本质，广泛吸收借鉴一切人类优秀文明成果，在借鉴和超越资本主义现代文明的基础上创造了人类文明新形态，标注了中国式现代化道路的新定位和中华文明发展的新高度。中国式现代化既是我们强国建设、民族复兴的康庄大道，也是中国谋求人类进步、世界大同的必由之路。

5 六个重大关系

推进中国式现代化需要处理好的重大关系

2023 年 2 月 7 日，习近平总书记在新进中央委员会的委员、候补委员和省部级主要领导干部学习贯彻习近平新时代中国特色社会主义思想和党的二十大精神研讨班开班式上的重要讲话中强调，推进中国式现代化是一个系统工程，需要统筹兼顾、系统谋划、整体推进，正确处理好顶层设计与实践探索、战略与策略、守正与创新、效率与公平、活力与秩序、自立自强与对外开放等一系列重大关系。

第一，正确处理好顶层设计与实践探索的关系。不谋万世者，不足谋一时；不谋全局者，不足谋一域。中国式现代化是 14 亿多人口的超大规模现代化，国情复杂、历史悠久、文化绵长，需要深刻洞察世界发展大势，准确把握人民群众的共同愿望，深入探索经济社会发展规律，使制定的规划和政策体系体现时代性、把握规律性、富于创造性，做到远近结合、上下贯通、内容协调。同时，推进中国式现代化是一项探索性事业，还有许多未知领域，需要我们在实践中大胆探索，通过改革创新推动事业发展，决不能刻舟求剑、守株待兔。在推进中国式现代化的实践中，要处理好顶层设计与实践探索的辩证统一关系，实现二者的良性互动、有机结合。一方面要加强整体谋划、顶层设计，确保发展方向正确，防止犯颠覆性错误；另一方面要鼓励实践探索，激发创新活力，最大限度汇聚推进中国式现代化的智慧和力量。加强顶层设计不能脱离基本国情和实践需要，必须立足基层实践、扎根中国大地；进行实践探索不能一叶障目、迷失方向，必须契合顶层设计、服务全局。习近平总书记强调：“治理这样一个国家很不容易，必须登高望远，同时必须脚踏实地。”中国式现代化是分阶段、分领域推进的。登高望远要求以顶层设计定向把舵，脚踏实地要求在实践探索中踔厉奋发。

第二，正确处理好战略与策略的关系。凡事预则立，不预则废。战略问题是一个政党、一个国家的根本性问题。从全局、长远、大势上作出判断和决策，要增强战略的前瞻性，准确把握事物发展的必然趋势，敏锐洞悉前进道路上可能出现的机遇和挑战，以科学的战略预见未来、引领未来；要增强战略的全局性，谋划战略目标、制定战略举措、作出战略部署，都要着眼于解决事关党和国家事业兴衰成败、牵一发而动全身的重大问题；要增强战略的稳定性，战略一经形成，就要长期坚持、一抓到底、善作善成，不要随意改变。策略是在战略指导下为战略服务的，正确的战略需要正确的策略来落实。实施战略的环境条件随时都在发生变化，每时每刻都会遇到新情况新问题，所以要讲究策略、智慧和方法。正确运用战略和策略是我们党创造辉煌历史、战胜各种风险挑战、不断从胜利走向胜利的成功秘诀。推进中国式现代化，必须把这一秘诀传承好、运用好、发展好。我们要把战略的原则性和策略的灵活性有机结合起来，灵活机动、随机应变、临机决断，在因地制宜、因势而动、顺势而为中把握战略主动。

第三，正确处理好守正与创新的关系。方向决定道路，道路决定命运。在推进中国式现代化的新征程上，必须守好中国式现代化的本和源、根和魂，毫不动摇坚持中国式现代化的中国特色、本质要求、重大原则，确保中国式现代化的正确方向。实践没有止境，变化永不停息。因此，要把创新摆在国家发展全局的突出位置，顺应时代发展要求，着眼于解决重大理论和实践问题，积极识变应变求变，大力推进改革创新，不断开辟发展新领域新赛道，塑造发展新动能新优势，让创新在全社会蔚然成风。守正与创新相辅相成，体现了变与不变、继承与发展、原则性与创造性的辩证统一。唯有守正，才能不迷失方向、不犯颠覆性错误；唯有创新，才能把握时代、引领时代。守正不是墨守成规、一成不变，创新不是无本之木、无源之水。只有在创新基础上的守正，才不会故步自封，才能与时俱进、推陈出新；只有在守正基础上的创新，才不会偏离方向，才能根深叶茂、源远流长。只要坚持守正与创新的辩证统一，在守正中把稳舵盘、保持航向，在创新中寻求突破、扬帆远航，就能始终沿着正确方向推动中国式现代化行稳致远。

第四，正确处理好效率与公平的关系。中国式现代化是全体人民共同富裕的现代化，既要创造比资本主义更高的效率，又要更有效地维护社会公平，更好实现效率与公平相兼顾、相促进、相统一。公平要建立在效率的基础上，效率也要以公平为前提。处理好效率与公平的关系，就要做到统筹兼顾，避免顾此失彼。既不能因为片面追求效率而在客观上造成富者愈富、穷者愈穷的马太效应，也不能因为片面追求公平而影响社会活力的释放。只有以提升效率不断做大“蛋糕”，以促进公平分好“蛋糕”，才能实现效率与公平的辩证统一，既推动社会主义现代化事业不断发展壮大，又让每个人都能共享现代化发展成果。

第五，正确处理好活力与秩序的关系。活力是指旺盛的生命力，代表着社会创造力的竞相迸发与个人潜力的充分发挥，主要体现为社会发展；而秩序则是指有序与稳定，主要体现为国家安全和社会稳定。活力与秩序相互影响、相互促进。中国式现代化应该既充满活力又拥有良好秩序，呈现出活力和秩序的有机统一。健康、良好的社会秩序是社会焕发活力的前提和保障，社会活力的奔涌则能进一步促进社会秩序的提升，活力和秩序两者相辅相成。习近平总书记深刻指出：“社会治理是一门科学，管得太死，一潭死水不行；管得太松，波涛汹涌也不行。”要创造活力寓于秩序之中、秩序建于活力之上的良性循环，实现社会有序运行与社会活力迸发的动态平衡，确保中国式现代化行稳致远。

第六，正确处理好自立自强与对外开放的关系。既坚持独立自主、自立自强，又坚持不断扩大高水平对外开放，在自主中谋求发展、在开放中坚持自主，才能走好自己的路、办好自己的事，在中国与世界各国良性互动、互利共赢中推进中国式现代化事业发展。推进中国式现代化必须坚持独立自主、自立自强，坚持把国家和民族发展放在自己力量的基点上，坚持把我国发展进步的命运牢牢掌握在自己手中。对外开放是中国的基本国策，任何时候都不会动摇。推进中国式现代化，也需要不断扩大高水平对外开放。习近平总书记多次强调："当代中国的伟大社会变革，不是简单延续我国历史文化的母版，不是简单套用马克思主义经典作家设想的模板，不是其他国家社会主义实践的再版，也不是国外现代化发展的翻版。"没有自立自强就会随波逐流，没有对外开放就会故步自封。只有在独立自主的基础上借鉴吸收一切人类优秀文明成果，用好国内国际两种资源，做到不忘本来、吸收外来，不断拓展中国式现代化的发展空间，才能更好地谱写中国式现代化的新篇章。

6 五个重大原则

推进中国式现代化必须牢牢把握的重大原则

习近平总书记在党的二十大报告中指出：全面建设社会主义现代化国家，是一项伟大而艰巨的事业，前途光明，任重道远。前进道路上，必须牢牢把握 5 个重大原则，即坚持和加强党的全面领导，坚持中国特色社会主义道路，坚持以人民为中心的发展思想，坚持深化改革开放，坚持发扬斗争精神，以保障中国特色社会主义巍巍巨轮乘风破浪、行稳致远。

第一，坚持和加强党的全面领导。"全面建设社会主义现代化国家、全面推进中华民族伟大复兴，关键在党。"习近平总书记在新进中央委员会的委员、候补委员和省部级主要领导干部学习贯彻习近平新时代中国特色社会主义思想和党的二十大精神研讨班开班式上的重要讲话中指出，"党的领导直接关系中国式现代化的根本方向、前途命运、最终成败”，“党的领导决定中国式现代化的根本性质”，“党的领导确保中国式现代化锚定奋斗目标行稳致远”，“党的领导激发建设中国式现代化的强劲动力”，“党的领导凝聚建设中国式现代化的磅礴力量”。中国共产党的坚强领导是中国式现代化的最根本保证和最大优势；是确保中国式现代化始终沿着社会主义方向发展的导航仪；是确保中国式现代化按照规划蓝图、时间表和路线图“稳中求进、循序渐进、持续推进”的定盘星；是以强大的政治领导力、思想引领力、群众组织力、社会号召力，充分凝聚和调动全党全国各族人民的积极性和创造性，共同为全面建成社会主义现代化强国、全面实现中华民族伟大复兴而团结奋斗的主心骨；是风雨来袭时凝心聚气、团结万众共克时艰的坚强领导力量。

第二，坚持中国特色社会主义道路。道路问题至关重要，道路决定前途命运。中国特色社会主义是党和人民历经千辛万苦、付出巨大代价取得的根本成就，是实现中华民族伟大复兴的正确道路。党的二十大报告提出，“中国式现代化，是中国共产党领导的社会主义现代化”，这是理解和把握中国式现代化根本性质的重要论断。党领导人民开创、推进和拓展中国式现代化的过程，就是成功开创、坚持和发展中国特色社会主义的过程。习近平总书记强调，要守好中国式现代化的本和源、根和魂，毫不动摇坚持中国式现代化的中国特色、本质要求、重大原则，确保中国式现代化的正确方向。这就要求我们，必须坚持以经济建设为中心，坚持四项基本原则，坚持改革开放，坚持独立自主、自力更生，坚持道不变、志不改，既不走封闭僵化的老路，也不走改旗易帜的邪路，坚持把国家和民族发展放在自己力量的基点上，坚持把中国发展进步的命运牢牢掌握在自己手中。

第三，坚持以人民为中心的发展思想。“党的根基在人民、血脉在人民、力量在人民，人民是党执政兴国的最大底气。”中国共产党团结带领中国人民进行的社会主义现代化建设就是为了人民、依靠人民的现代化。2021 年 1 月，习近平总书记在省部级主要领导干部学习贯彻党的十九届五中全会精神专题研讨班开班式上的讲话中强调：“为人民谋幸福、为民族谋复兴，这既是我们党领导现代化建设的出发点和落脚点，也是新发展理念的‘根’和‘魂’。”全面建设社会主义现代化国家，是亿万人民共同的事业，必须坚持人民主体地位，充分发挥人民首创精神，充分调动人民的积极性、主动性、创造性，广泛汇聚人民的智慧和力量，激励全社会共同为实现全面建成社会主义现代化强国的目标而团结奋斗。推进和拓展中国式现代化必须维护人民根本利益，增进民生福祉，不断实现发展为了人民、发展依靠人民、发展成果由人民共享，不断满足人民美好生活需要，让现代化建设成果更多更公平惠及全体人民，让人民群众的获得感、幸福感、安全感更加充实、更有保障、更可持续。

第四，坚持深化改革开放。改革开放是决定当代中国命运的关键一招，也是全面建设社会主义现代化国家、全面推进中华民族伟大复兴的关键一招。改革的着力点在于破解深层次体制机制障碍，必须注重各领域改革方案、发展举措的关联性和耦合性，突出方案协同、落实协同、效果协同，促进各项改革发展举措在政策取向上相互配合、在实施过程中相互促进，以不断彰显中国特色社会主义制度优势，把我国制度优势更好转化为国家治理效能。世界进入新的动荡变革期，面对单边主义、保护主义等逆全球化潮流，我们扩大开放的决心不变，对合作共赢的追求不变。新时代新征程，我们必须积极构建高水平的社会主义市场经济体制，积极推进高水平对外开放，深度参与全球产业分工和合作，提升创新活力，为中国和世界繁荣发展注入活力。

第五，坚持发扬斗争精神。在应对各种困难挑战中，中国人民锤炼了不畏强敌、不惧风险的伟大斗争精神。我们依靠斗争走到今天，也必然要依靠斗争赢得未来。以斗争求安全则安全存，以软弱退让求安全则安全亡；以斗争谋发展则发展兴，以软弱退让谋发展则发展衰。凡是危害中国共产党领导和我国社会主义制度的各种风险挑战，凡是危害我国主权、安全、发展利益的各种风险挑战，凡是危害我国核心利益和重大原则的各种风险挑战，凡是危害我国人民根本利益的各种风险挑战，凡是危害我国实现第二个百年奋斗目标、实现中华民族伟大复兴的各种风险挑战，只要来了，我们就必须进行坚决斗争，毫不动摇、毫不退缩，敢于出击、敢战能胜，依靠顽强斗争打开事业发展新天地。

7 “六观”中国式现代化
对世界现代化理论和实践的重大创新

实现现代化是世界各国人民的权利和必然选择，关键是找到符合本国国情、符合人类社会发展规律的发展道路。习近平总书记在新进中央委员会的委员、候补委员和省部级主要领导干部学习贯彻习近平新时代中国特色社会主义思想和党的二十大精神研讨班开班式上的重要讲话中指出：“中国式现代化蕴含的独特世界观、价值观、历史观、文明观、民主观、生态观等及其伟大实践，是对世界现代化理论和实践的重大创新。”这一论断蕴含着丰富的内涵，提升了世界现代化理论和实践的新境界，有助于我们更加深刻地理解中国式现代化的国际贡献和世界意义。

中国式现代化蕴含着独特的世界观。中华优秀传统文化的“天下观”和马克思主义的国际主义精神内在规定着中国共产党是具有世界眼光、天下胸怀、人类情怀的政党。中国共产党人始终坚持胸怀天下，在不同历史时期都致力于为人类文明进步作出贡献。中国共产党顺应世界发展大势，基于为人类和平与发展贡献力量的核心追求，倡导“和平、发展、公平、正义、民主、自由的全人类共同价值，维护世界和平、促进世界发展，持续推动构建人类命运共同体”，致力于站在历史正确的一边、站在人类文明进步的一边，与世界人民共同开创人类美好未来。中国式现代化摒弃“弱肉强食”“国强必霸”等带有冷战思维特点的陈旧世界观，倡扬和平、发展、合作、共赢的世界观。秉持这种独特的世界观，中国式现代化在遵循现代化一般规律的前提下，展现了现代化的另一幅图景，打破了长期束缚发展中国家现代化发展思路和实践创新的“现代化 = 西方化”的迷思，为这些国家提供了共享发展成果的机会以及有借鉴意义的发展路径，为人类对更好社会制度的探索提供了中国方案。

中国式现代化蕴含着独特的价值观。中国共产党团结带领中国人民所进行的社会主义现代化建设是为了人民、依靠人民的现代化。习近平总书记指出："人民既是历史的创造者、也是历史的见证者，既是历史的'剧中人'、也是历史的'剧作者'。"坚持人民至上、坚持以人民为中心的发展思想，是我们党的力量源泉、性质宗旨和初心使命，也是中国式现代化内蕴的独特价值观。与以资本为中心的西方现代化不同，中国式现代化超越资本逻辑，坚持以人民为中心；超越两极分化逻辑，以实现全体人民共同富裕为重要目标和主要特征；超越物质逻辑，坚持物质文明和精神文明协调发展；超越霸权逻辑，坚持走和平发展道路。中国式现代化坚持人民主体地位，坚持党的群众路线，坚持以人民为中心的发展思想，充分发挥人民首创精神，激发人民主人翁精神，充分调动人民的积极性、主动性、创造性，广泛汇聚人民的智慧和力量，充分发挥"众人拾柴火焰高"的社会主义制度优势，激励全社会共同为实现全面建成社会主义现代化强国的目标而团结奋斗。中国式现代化始终把人民立场作为根本政治立场和价值取向，把人民利益摆在至高无上的地位，体现了习近平新时代中国特色社会主义思想的价值底色，更在实践中赋予了"人民是历史的创造者"的时代内涵。

中国式现代化蕴含着独特的历史观。中国的现代化经历了"向西方学习""以俄为师""以苏为鉴"，进而独立自主"走自己的路"的发展历程，展现出从"四个现代化"到"中国式的四个现代化"再到"以中国式现代化"全面建设社会主义现代化国家的历史逻辑。中国式现代化道路是中国共产党团结带领中国人民以自信自立的历史自觉和历史主动精神独立自主探索开辟出来的。人类发展的漫长历史已经无数次证明：通过依赖外部力量、照搬外国模式、跟在他人后面亦步亦趋，不可能实现国家强大和民族振兴。现代化不是少数国家的"专利品"，也不是非此即彼的"单选题"。习近平总书记指出："中国人民和中华民族从近代以后的深重苦难走向伟大复兴的光明前景，从来就没有教科书，更没有现成答案。”“中国有960多万平方公里土地、56个民族，我们能照谁的模式办？谁又能指手画脚告诉我们该怎么办？”中国共产党坚持独立自主、自立自强，发扬历史主动精神，坚持中国的事情由中国人民自己作主张、自己来处理。在现代化道路的探索中，照搬没有出路，模仿容易迷失，实践才出真知。中国式现代化作为科学社会主义的最新成果，是对世界现代化理论和实践的重大创新，为全球提供了一种全新的现代化模式，必将对世界历史进程产生深刻影响。

中国式现代化蕴含着独特的文明观。在世界历史的视域中，人类文明应该秉持何种交往理念共处？是主张“文明进化”“文明冲突”“文明隔绝”，还是坚持“文明平等”“文明包容”“文明互鉴”？这是两种截然不同的文明观。其一，文明多样性存在是一种客观事实。习近平总书记指出，“文明具有多样性，就如同自然界物种的多样性一样”。各民族在应对不同历史环境和发展条件的实践中形成了差异多样的文明形态。其二，文明“没有优劣之分，只有特色之别”，“每种文明都有其独特魅力和深厚底蕴，都是人类的精神瑰宝”。文明交流互鉴以文明多元并存为前提。只有文明之间存在差异，各种文明才有交流借鉴的可能和必要。在文明交流互鉴的过程中，不能片面强调“求同”，这不符合文明多样性的客观现实与要求，也不利于世界文明的整体繁荣与发展。习近平总书记指出：“中华文明自古就以开放包容闻名于世，在同其他文明的交流互鉴中不断焕发新的生命力。”“要坚持弘扬平等、互鉴、对话、包容的文明观，以宽广胸怀理解不同文明对价值内涵的认识，尊重不同国家人民对自身发展道路的探索，以文明交流超越文明隔阂，以文明互鉴超越文明冲突，以文明共存超越文明优越，弘扬中华文明蕴含的全人类共同价值。”中国共产党领导人民走出了中国式现代化道路，为推动不同文明交流互鉴、开创人类文明新形态提供了新的选择。

中国式现代化蕴含着独特的民主观。德国哲学家莱布尼茨曾说，世界上没有两片完全相同的树叶。对于每个国家应该实行何种民主模式，我们当然也不能苛求完全雷同。中国式现代化蕴含的独特民主观是在总结人类现代化进程基础上提出来的，也是在推动社会主义现代化过程中形成的。“民主是全人类的共同价值，是中国共产党和中国人民始终不渝坚持的重要理念。”“人民民主是社会主义的生命，没有民主就没有社会主义，就没有社会主义的现代化，就没有中华民族伟大复兴。”人民民主是一种全过程的民主，“全过程人民民主是社会主义民主政治的本质属性，是最广泛、最真实、最管用的民主”。当代中国在推动社会主义现代化的历史进程中，始终注重健全人民当家作主制度体系，发挥社会主义协商民主重要作用，丰富民主形式，畅通民主渠道，坚持“全面发展协商民主”和“积极发展基层民主”，从各层次各领域扩大人民有序政治参与，推动全过程人民民主取得历史性成就，成为新时代我国民主政治领域具有重大创新意义的标志性成果。实践充分证明，中国式现代化是在充分实现人民平等参与、平等发展权利基础上发展的，旨在凝聚全国各族人民的共识、汇聚全国各族人民的力量。没有全过程人民民主，就没有中国式现代化。

中国式现代化蕴含着独特的生态观。回顾西方资本主义国家从传统社会向现代社会发展跃迁的历程，资本主义在解放生产力、创造物质财富、开辟世界市场、促进工业文明发展方面具有历史进步作用。同时，这种发展进步也付出了沉重代价。工业革命的狂飙突进，加速了对自然资源的掠夺，导致自然生态系统的严重破坏和人与自然关系的紧张。人类对自然的过度掠夺和破坏，已经遭到自然的报复。全球性生态问题的频繁出现就是大自然对人类的反复警示。世界历史已经重构了中国进行社会主义现代化建设的条件，中国式现代化坚持人与自然和谐共生，站在中华民族永续发展和全人类可持续发展的高度来谋划经济社会发展，既要创造丰裕的物质财富和精神财富，也要坚持绿色发展、提供更多优质生态产品，以满足人民日益增长的美好生活需要，让人民“望得见山、看得见水、记得住乡愁”。中国式现代化不仅为全球生态文明建设贡献了智慧和力量，还以具体方案和实际行动践行打造绿色命运共同体的理念，与世界分享中国独特的生态观和绿色发展实践。

四

坚持和加强中国共产党的全面领导

四 坚持和加强中国共产党的全面领导

- 四个“最”：中国共产党领导的地位、作用、要求和政治原则
  - 中国特色社会主义最本质的特征是中国共产党领导
  - 中国特色社会主义制度的最大优势是中国共产党领导
  - 中国共产党是最高政治领导力量
  - 坚持党中央集中统一领导是最高政治原则
- 四个意识：政治意识、大局意识、核心意识、看齐意识
- 四个自信：中国特色社会主义的理论创新、实现中华民族伟大复兴的精神动力
  - 道路自信
  - 理论自信
  - 制度自信
  - 文化自信
- 两个维护：坚持和加强党的政治建设的首要任务
  - 坚决维护习近平总书记党中央的核心、全党的核心地位
  - 坚决维护党中央权威和集中统一领导
- 三种政治能力：政治判断力、政治领悟力、政治执行力
- 四史学用：学史明理、学史增信、学史崇德、学史力行

1 四个“最”

中国共产党领导的地位、作用、要求和政治原则

中国共产党的领导是党和国家的根本所在、命脉所在，是全国各族人民的利益所系、命运所系。党的十八大以来，我们党提出了“坚持和加强党的全面领导”的要求。习近平总书记在党的二十大报告中明确提出，“中国特色社会主义最本质的特征是中国共产党领导，中国特色社会主义制度的最大优势是中国共产党领导，中国共产党是最高政治领导力量，坚持党中央集中统一领导是最高政治原则”。这四个“最”的集中概括，深化了对中国特色社会主义本质、社会主义制度优越性、党的领导政治属性和党的领导原则的认识，对于坚持和加强党的全面领导具有重要意义。

第一，中国特色社会主义最本质的特征是中国共产党领导。这一论断对党的领导与中国特色社会主义之间的关系进行了科学定位，把“最本质”与“一般本质”区别开来，让人能够迅速抓住要害、厘清关系、把握重点。改革开放以来，我们党对社会主义本质的认识不断深化，其中最大的理论贡献，是提出了社会主义本质理论。在实践中，我们党清醒地认识到，社会主义本质内涵还包括公有制、共同富裕、民主法治、精神文明、以人为本等内容。但是，这些社会主义本质内涵只有在党的

领导下才能够得到体现和展示。党的领导是中国特色社会主义最高层次的内在规定性，决定其他社会主义本质的内涵。坚持党的全面领导，是坚持和发展中国特色社会主义的必由之路。

第二，中国特色社会主义制度的最大优势是中国共产党领导。这一论断深刻地揭示了中国特色社会主义制度不同于其他社会制度的最大优势所在。在我国国家制度和国家治理体系 13 个方面显著优势中，“坚持党的集中统一领导”位列首位，符合中国实际。

我们党具有超强的组织动员能力。在中国，党的集中统一领导具有“坚持全国一盘棋，调动各方面积极性，集中力量办大事的显著优势”，从而避免政治上的党派纷争、政治集团偏私、少数“精英”政治操弄等恶劣现象，避免出现西方政党制度中常见的“否决政治”“极化政治”等现象。

我们党具有战略规划的定力和决策执行的效率。在我们党的集中统一领导下，我国可以制定保证国家长远发展的规划，保持国家发展的稳定性、连续性，而不会发生西方国家由于政党更替带来的短视现象。对攸关国家长远发展的重大事情，我国可以做到“一张蓝图绘到底”。反观一些西方所谓民主国家，它们更多的是“一届隔着一届干”，甚至是“一届对着一届干”，我们党的这种政治定力是西方政党很难做到的。

第三，中国共产党是最高政治领导力量。这一论断鲜明地宣示了党的领导的政治属性、政治地位。在当今中国，中国共产党是中国特色社会主义的掌舵者、治国理政的领导者，发挥总揽全局、协调各方的领导核心作用，其他任何政党组织、政治力量都不具有同我们党相提并论的政治地位。

党的领导具有强烈的政治性。政党首先要回答的是“一个国家举什么旗、走什么路”的问题，这是由政党的政治属性所决定的。政治领导是在宏观全局方向上把舵领航，而管理则属于具体操作环节的工作；领导是通过管理实现的，管理是在党的领导下的管理。

党的领导具有最高的权威性。“在当今中国，没有大于中国共产党的政治力量或其他什么力量。”其一，强调“最高”，是对党的绝对领导权威的定量表述，我们党作为马克思主义执政党，掌握国家最高政治权力。其二，民主党派是参政党，发挥参政议政、民主监督、政治协商的作用，必须与中国共产党在政治上保持一致，自觉接受中国共产党的领导。

专门将“党是最高政治领导力量”提出来，有利于在实践上坚持和加强党的全面领导。“中国共产党是执政党，党的领导是做好党和国家各项工作的根本保证，是我国政治稳定、经济发展、民族团结、社会稳定的根本点，绝对不能有丝毫动摇。”在坚持党的领导这个重大原则问题上，我们脑子要特别清醒、眼睛要特别明亮、立场要特别坚定，绝不能有任何含糊和动摇。

第四，坚持党中央集中统一领导是最高政治原则。这一论断既揭示了新时代十年取得历史性成就、发生历史性变革的根本原因之所在，又指明了新征程坚持和加强党的领导的根本方向。

“事在四方，要在中央。”新时代十余年，党中央权威和集中统一领导得到有力保证，党总揽全局、协调各方的领导核心作用得到进一步发挥，全党思想上更加统一、政治上更加团结、行动上更加一致，党的政治领导力、思想引领力、群众组织力、社会号召力显著增强，党始终成为风雨来袭时全体人民最可靠的主心骨，为沉着应对各种重大风险挑战提供了根本政治保证。

新征程上坚持党的领导，首先是坚持党中央集中统一领导。坚持党中央集中统一领导，关键是自觉坚持和维护以习近平同志为核心的党中央权威和集中统一领导。党员干部，要保持政治定力，深刻领悟“两个确立”的决定性意义，增强“四个意识”、坚定“四个自信”、做到“两个维护”，不断提高政治判断力、政治领悟力、政治执行力，自觉在思想上政治上行动上同以习近平同志为核心的党中央保持高度一致。

总之，我们要深刻领会四个“最”的科学内涵和精神实质，坚持和加强党的全面领导，确保党始终总揽全局、协调各方，始终在政治立场、政治方向、政治原则、政治道路上同党中央保持高度一致，确保我们党思想上更加统一、政治上更加团结、行动上更加一致，把坚持党的领导贯彻和体现到改革发展稳定、内政外交国防、治党治国治军各个领域各个方面，确保党在新时代坚持和发展中国特色社会主义的历史进程中始终成为坚强领导核心。

2 四个意识

政治意识、大局意识、核心意识、看齐意识

“四个意识”是指政治意识、大局意识、核心意识、看齐意识。“四个意识”最早是2016年1月29日召开的中央政治局会议提出来的。习近平总书记在庆祝中国共产党成立95周年大会上的讲话中强调，全党同志要增强政治意识、大局意识、核心意识、看齐意识，切实做到对党忠诚、为党分忧、为党担责、为党尽责。

增强政治意识，要求从政治上看待、分析和处理问题。我们党作为马克思主义政党，讲政治是突出的特点和优势。政治意识表现为坚定政治信仰，坚持正确的政治方向、政治原则、政治立场，保持政治清醒和政治定力，增强政治敏锐性和政治鉴别力；严肃党内政治生活，严守政治纪律和政治规矩，研究制定政策要把握政治方向，谋划推进工作要贯彻政治要求，解决矛盾问题要注意政治站位，发展党员、选人用人要突出政治标准，对各类组织要加强政治领导、政治引领，对各类人才要加强政治吸纳。

增强大局意识，要求自觉从大局看问题，把工作放到大局中去思考、定位、摆布，做到正确认识大局、自觉服从大局、坚决维护大局。增强大局意识，就是要正确处理中央与地方、局部与全局、当前与长远的关系，自觉从党和国家大局出发想问题、办事情、抓落实，坚决贯彻落实党中央决策部署，确保党中央政令畅通。

增强核心意识，要求在思想上认同核心、在政治上围绕核心、在组

织上服从核心、在行动上维护核心。增强核心意识，就是要始终紧密地团结在以习近平同志为核心的党中央周围，更加坚定地维护党中央权威和集中统一领导，更加自觉地在思想上政治上行动上同党中央保持高度一致，更加扎实地把党中央部署的各项任务落到实处，确保党始终成为中国特色社会主义事业的坚强领导核心。

增强看齐意识，要求向党中央看齐，向党的理论和路线方针政策看齐，向党中央决策部署看齐，做到党中央提倡的坚决响应、党中央决定的坚决执行、党中央禁止的坚决不做。这“三个看齐”“三个坚决”是政治要求，也是政治纪律，各级党组织和广大党员干部要树立高度自觉的看齐意识，经常和党中央要求对标对表，看看有没有“慢半拍”的问题，有没有温差、落差、偏差的问题，有没有“看不齐”的问题，主动进行调整、纠正、校准。

“四个意识”是一个意蕴深刻、相互联系的有机整体，集中体现了根本的政治方向、政治立场、政治要求，是检验党员干部政治素养的基本标准。增强“四个意识”，自觉维护习近平总书记党中央的核心、全党的核心地位，对于维护党中央权威和集中统一领导，对全党全军全国各族人民更好凝聚力量抓住机遇、战胜挑战，对全党团结一心、不忘初心、继续前进，对保证党和国家事业兴旺发达、长治久安，具有十分重大的意义。

3 四个自信

中国特色社会主义的理论创新、实现中华民族伟大复兴的精神动力

当今世界，要说哪个政党、哪个国家、哪个民族能够自信的话，那中国共产党、中华人民共和国、中华民族是最有理由自信的。2016 年 7 月 1 日，习近平总书记在庆祝中国共产党成立 95 周年大会上的讲话中明确提出，中国共产党人“坚持不忘初心、继续前进”，就要坚持“中

国特色社会主义道路自信、理论自信、制度自信、文化自信”。“四个自信”，是对党的十八大报告中提出的中国特色社会主义“三个自信”（道路自信、理论自信、制度自信）的创造性拓展和进一步完善。

坚定道路自信，是对发展方向和未来命运的自信。习近平总书记指出：“中国特色社会主义道路是实现社会主义现代化的必由之路，是创造人民美好生活的必由之路。”坚定道路自信就是要坚定走中国特色社会主义道路，这是实现社会主义现代化的必由之路，是被近代历史所反复证明的客观真理，是党领导人民从胜利走向胜利的根本保证，也是中华民族走向繁荣富强、中国人民过上幸福生活的根本保证。

坚定理论自信，是对马克思主义理论特别是中国特色社会主义理论体系的科学性、真理性的自信。习近平总书记指出：“中国特色社会主义理论体系是指导党和人民沿着中国特色社会主义道路实现中华民族伟大复兴的正确理论，是立于时代前沿、与时俱进的科学理论。”特别是习近平新时代中国特色社会主义思想，作为当代中国马克思主义、21世纪马克思主义，实现了马克思主义中国化时代化新的飞跃，是实现中华民族伟大复兴的行动指南，极大地深化了我们对共产党执政规律、社会主义建设规律、人类社会发展规律的认识。

坚定制度自信，是对中国特色社会主义制度具有制度优势的自信。习近平总书记指出：“中国特色社会主义制度是当代中国发展进步的根本制度保障，是具有鲜明中国特色、明显制度优势、强大自我完善能力的先进制度。”坚定制度自信就是要相信中国特色社会主义制度具有巨大优越性和强大生命力，相信中国特色社会主义制度能够推动发展、维护稳定，能够保障人民群众的自由平等权利和人身财产权利。

坚定文化自信，是对中国特色社会主义文化先进性的自信。习近平总书记指出：“文化自信，是更基础、更广泛、更深厚的自信。在5000多年文明发展中孕育的中华优秀传统文化，在党和人民伟大斗争中孕育的革命文化和社会主义先进文化，积淀着中华民族最深层的精神追求，代表着中华民族独特的精神标识。”坚定文化自信就是要激发党和人民对中华优秀传统文化的历史自豪感，弘扬以爱国主义为核心的民族精神和以改革创新为核心的时代精神，不断增强全党全国各族人民的精神力量，在全社会形成对社会主义核心价值观的普遍共识和价值认同。

“四个自信”是一个有机统一体，既相对独立，又相辅相成。我们的道路自信、理论自信、制度自信、文化自信，来源于实践、来源于人民、来源于真理。全党只要坚定“四个自信”，有了“自信人生二百年，会当水击三千里”的勇气，就能毫无畏惧面对一切困难和挑战，就能牢牢掌握自己的前途和命运，就能坚定不移开辟新天地、创造新奇迹。

4 两个维护

坚持和加强党的政治建设的首要任务

“两个维护”就是坚决维护习近平总书记党中央的核心、全党的核心地位，坚决维护党中央权威和集中统一领导。2016 年 10 月，党的十八届六中全会明确了习近平总书记在党中央和全党的核心地位，明确提出坚定不移维护党中央权威和集中统一领导的要求。“两个维护”最早是在 2018 年 4 月 10 日中央政治局常务委员会会议上提出的。2018 年 12 月 25 日至 26 日召开的中央政治局民主生活会，把坚决做到“两个维护”与树牢“四个意识”、坚定“四个自信”一并作了强调，这样既体现了我们党在新时代以党的政治建设为统领、全面推进党的建设的要求，也表明了“四个意识”“四个自信”“两个维护”是相辅相成的整体。

党的政治建设的首要任务，就是坚决维护习近平总书记党中央的核心、全党的核心地位，坚决维护党中央权威和集中统一领导。坚决做到“两个维护”，既是根本政治任务，也是根本政治纪律和政治规矩，是牢固树立“四个意识”的集中体现。中国共产党的领导核心地位不是自封的，而是由中国共产党的性质宗旨和使命任务决定的，是近代以来中国的历史逻辑、政治逻辑和实践逻辑演进的必然结果，是历史和人民的选择，也是实现民族复兴的必然要求。党的十八大以来，党和国家事业之所以能取得历史性成就、发生历史性变革，最根本的原因，就在于以习近平同志为核心的党中央的坚强领导，就在于党中央的集中统一领导。坚决维护习近平总书记党中央的核心、全党的核心地位，坚决维护党中央权威和集中统一领导，是党和国家前途命运所系，是全国各族人民根本利益所在。

“两个维护”有明确内涵和科学要求。坚决维护习近平总书记党中央的核心、全党的核心地位，对象是习近平总书记而不是其他任何人；坚决维护党中央权威和集中统一领导，对象是党中央而不是其他任何组织。党中央的权威决定各级党组织的权威，各级党组织的权威来自党中央的权威。正因为这样，党中央一再强调，对“两个维护”既不能层层套用，也不能随意延伸。“两个维护”是对全党的要求，党员干部特别是党的高级干部要以身作则、率先垂范。

第一，要有更清醒的政治敏锐性。坚持从政治上考虑问题、分析问题、解决问题，一事当前，所言所行，首先要看是不是有利于维护习近平总书记党中央的核心、全党的核心地位，是不是有利于维护党中央权威和集中统一领导，是不是在政治立场、政治方向、政治原则、政治道路上同党中央保持高度一致。

第二，要有更坚定的政治执行力。做到“三个坚决”，即“党中央提倡的坚决响应、党中央决定的坚决执行、党中央禁止的坚决不做”；做到“三个决不允许”，即“决不允许‘上有政策、下有对策’，决不允许有令不行、有禁不止，决不允许在贯彻执行中央决策部署上打折扣、做选择、搞变通”。不得搞任何形式的“低级红”“高级黑”，决不允许对党中央阳奉阴违做两面人、搞两面派、搞“伪忠诚”。

第三，要有更崇高的政治使命感。要用手中的权力去履行党和人民赋予的职责，为党分忧、为党中央分忧，为人民谋幸福、为民族谋复兴。

“两个维护”是党的十八大以来我们党的重大政治成果和宝贵经验，

是最根本的政治纪律和政治规矩，是检验党员干部理想信念、政治立场、党性修养和能力作风的试金石。在新时代，只有把“两个维护”作为党的政治建设的首要任务，才能形成万众一心的磅礴力量，才能有效应对国内外各种风险考验，不断夺取新时代中国特色社会主义事业新胜利。

5 三种政治能力

政治判断力、政治领悟力、政治执行力

旗帜鲜明讲政治，既是马克思主义政党的鲜明特征，也是我们党一以贯之的政治优势。政治上的主动是最有利的主动，政治上的被动是最危险的被动。2020 年 12 月，中央政治局召开民主生活会，习近平总书记强调，要“不断提高政治判断力、政治领悟力、政治执行力”。2021 年 1 月，习近平总书记在十九届中央纪委五次全会上强调，全面从严治党首先要从政治上看，不断提高政治判断力、政治领悟力、政治执行力。实践表明，只有站在政治的高度，善于从政治上看问题，才能对党中央的大政方针和决策部署领会更透彻，工作起来才能更有预见性和主动性。要把党和人民事业长长久久推进下去，就必须增强政治意识，善于从政治上看问题，善于把握政治大局，不断提高政治判断力、政治领悟力、政治执行力。

政治判断力，是科学把握形势变化、精准识别现象本质、清醒明辨行为是非、有效抵御风险挑战的能力。增强政治判断力，要以国家政治安全为大、以人民为重、以坚持和发展中国特色社会主义为本，增强科学把握形势变化、精准识别现象本质、清醒明辨行为是非、有效抵御风险挑战的能力。要善于思考涉及党和国家工作大局的根本性、全局性、长远性问题，加强战略性、系统性、前瞻性研究谋划，做到在重大问题和关键环节上头脑特别清醒、眼睛特别明亮，善于从一般事务中发现政治问题，善于从倾向性、苗头性问题中发现政治端倪，善于从错综复杂

的矛盾关系中把握政治逻辑，坚持政治立场不移、政治方向不偏。

政治领悟力，是对党中央精神深入学习、融会贯通，坚持用党中央精神分析形势、推动工作，始终同党中央保持高度一致的能力。领导干部特别是高级领导干部担负的是政治责任，必须关注党中央在关心什么、强调什么，深刻领会什么是党和国家最重要的利益，什么是最需要坚定维护的立场，对“国之大者”了然于胸，明确自己的职责定位。

政治执行力，是同党中央精神对表对标，把党的理论和路线方针政策坚决执行到位、把党中央决策部署不折不扣落实到底的能力。领导干部特别是高级干部要经常同党中央精神对表对标，切实做到党中央提倡的坚决响应，党中央决定的坚决执行，党中央禁止的坚决不做，坚决维护党中央权威和集中统一领导。要从党和国家工作大局出发，从政治上把贯彻党中央精神体现到谋划重大战略、制定重大政策、部署重大任务、推动重大工作的实践中去，做到不掉队、不走偏。要把坚持底线思维、坚持问题导向贯穿工作始终，做到见微知著、防患于未然。要强化责任意识，知责于心、担责于身、履责于行，敢于直面问题，不回避矛盾，不掩盖问题，出了问题要敢于承担责任。

提高这三种政治能力是对党员干部立足新发展阶段、贯彻新发展理念、构建新发展格局提出的新要求。在这三种政治能力中，政治判断力是旗帜鲜明讲政治的首要条件，也是政治领悟力、政治执行力的基础；政治领悟力是关键，政治领悟力越高，政治判断力和政治执行力就会越强；政治执行力是政治判断力、政治领悟力的落脚点，是政治判断力、政治领悟力综合作用的结果，是我们的基本政治立场、政治观点具体发挥作用的体现。有了这三种政治能力，就能从小事中看出大道理，就能在面对重大斗争时知其所以然，更加坚定不移、义无反顾。提高三种政治能力，是履行政治使命的根本前提，也是提高政治能力的努力方向。广大党员干部要坚定党性立场，加强党性修养，心怀“国之大者”，凡事首先从政治上看、从政治上想，做政治上的明白人。

6 四史学用

学史明理、学史增信、学史崇德、学史力行

“欲知大道，必先为史。”在2021年2月20日召开的党史学习教育动员大会上，习近平总书记要求全党同志要做到学史明理、学史增信、学史崇德、学史力行，学党史、悟思想、办实事、开新局。习近平总书记对学习党史“明理”“增信”“崇德”“力行”的概括，是全党开展党史学习教育的动员令，是指导我们学好党史的指南针。

第一，学史明理。明理是增信、崇德、力行的前提。要从党的辉煌成就、艰辛历程、历史经验、优良传统中深刻领悟中国共产党为什么能、中国特色社会主义为什么好、马克思主义为什么行、中国化时代化的马克思主义为什么行等道理。要深刻领悟坚持中国共产党领导的历史必然性，坚定对党的领导的自信。要深刻领悟马克思主义及中国化时代化的马克思主义的真理性，增强自觉贯彻落实党的创新理论的坚定性。要深刻领悟中国特色社会主义道路的正确性，坚定不移走中国特色社会主义这条唯一正确的道路。

第二，学史增信。信仰、信念、信心，任何时候都至关重要。学史增信，就是要增强信仰、信念、信心，这是我们战胜一切强敌、克服一切困难、夺取一切胜利的强大精神力量。学史增信，就是要增强对马克思主义、共产主义的信仰，增强对中国特色社会主义的信念，增强对实现中华民族伟大复兴的信心。

第三，学史崇德。我们党在百余年奋斗中，培育形成了一系列富有深刻内涵的革命精神，集中体现了党的坚定信念、根本宗旨、优良作风，是激励我们不懈奋斗的宝贵精神财富。学史崇德，就是要引导广大党员干部传承红色基因，涵养高尚的道德品质，崇尚对党忠诚的大德，崇尚造福人民的公德，崇尚严于律己的品德。

第四，学史力行。学习的目的全在于运用。要教育引导广大党员干

部更加自觉地不忘初心、牢记使命，增强“四个意识”、坚定“四个自信”、做到“两个维护”，始终在思想上政治上行动上同以习近平同志为核心的党中央保持高度一致，坚定理想信念，学好用好党的创新理论，赓续红色血脉，发扬光荣传统，发挥先锋模范作用，团结带领全国各族人民，更好立足新发展阶段、贯彻新发展理念、构建新发展格局，全面做好改革发展稳定各项工作，汇聚起全面建设社会主义现代化国家、全面推进中华民族伟大复兴的磅礴力量。

学史明理、学史增信、学史崇德、学史力行，明确了党史学习教育的具体要求和价值旨归。学史明理是首要前提，学史增信是重要支撑，学史崇德是关键环节，学史力行是实践旨归，共同构成了以“学史”为主题，涵盖理、信、德、行 4 个方面内容的逻辑体系。

五

以新发展理念引领高质量发展

五 以新发展理念引领高质量发展

- 三大特征：经济新常态在速度、结构、动力方面的体现
  - 从高速增长转为中高速增长
  - 经济结构不断优化升级
  - 从要素驱动、投资驱动转向创新驱动
- 五大发展理念：新时代的发展理念
  - 创新是引领发展的第一动力
  - 协调是持续健康发展的内在要求
  - 绿色是永续发展的必要条件和人民对美好生活追求的重要体现
  - 开放是国家繁荣发展的必由之路
  - 共享是中国特色社会主义的本质要求
- 一个新发展阶段：向第二个百年奋斗目标进军的新征程
- 一个新发展格局：以国内大循环为主体、国内国际双循环相互促进
- 一个首要任务和主题：着力推动高质量发展
- 两只手的作用：发挥市场在资源配置中的决定性作用和更好发挥政府作用
  - 看不见的手：发挥市场在资源配置中的决定性作用
  - 看得见的手：更好发挥政府作用
- 一条主线：推进供给侧结构性改革
- 一个战略基点：扩大内需
- 五大举措推进乡村振兴：产业振兴、人才振兴、文化振兴、生态振兴、组织振兴
- 十三个方面：我国经济高质量发展的科学指南
  - 明确加强党对经济工作的全面领导
  - 明确坚持以人民为中心的发展思想
  - 明确进入新发展阶段
  - 明确坚持新发展理念
  - 明确构建新发展格局
  - 明确推动高质量发展
  - 明确坚持和完善社会主义基本经济制度
  - 明确坚持问题导向部署实施国家重大发展战略
  - 明确坚持创新驱动发展
  - 明确大力发展制造业与实体经济
  - 明确坚定不移地全面扩大开放
  - 明确统筹发展和安全
  - 明确坚持正确工作策略和方法

1 三大特征

经济新常态在速度、结构、动力方面的体现

2014 年 5 月，习近平总书记在河南省考察时指出："我国发展仍处于重要战略机遇期，我们要增强信心，从当前我国经济发展的阶段性特征出发，适应新常态，保持战略上的平常心态。""新常态"这一重大论断的提出，反映了以习近平同志为核心的党中央对当时经济发展中存在的突出矛盾和问题的科学判断，对我国经济发展规律认识的进一步深化。2014 年中央经济工作会议指出："我国经济发展进入新常态，是我国经济发展阶段性特征的必然反映，是不以人的意志为转移的。认识新常态、适应新常态、引领新常态，是当前和今后一个时期我国经济发展的大逻辑。"新常态特指经济新常态，其实质是经济发展进入了一个新的、更为高级的阶段，与此相适应，经济发展的特征也发生了新变化。

第一，经济增长从高速转向中高速。一方面，随着改革开放后 30 多年的持续高速增长，中国经济规模持续扩大。由于经济基数不断增大，经济发展速度由高速向中高速转变是一种必然趋势。随着经济基本面的增长，增速下降是一种趋势。另一方面，随着经济高速增长阶段持续了多年，经济发展体系中积累了许多问题和矛盾，高速度已经越来越

难以实现。习近平总书记指出，我们要全面认识持续健康发展和生产总值增长的关系，“不能不顾客观条件、违背规律盲目追求高速度”。而中高速，既是“经济发展质量和效益得到提高又不会带来后遗症的速度”，又是实实在在、没有水分的速度，是经济发展速度与经济发展质量相协调的速度。

第二，经济结构不断优化升级。2017 年中央经济工作会议指出：“中国特色社会主义进入了新时代，我国经济发展也进入了新时代，基本特征就是我国经济已由高速增长阶段转向高质量发展阶段。”其实质就是通过经济转型实现经济发展质量的提升，经济结构不断优化升级。

第三，动力从要素驱动、投资驱动转向创新驱动。创新是引领发展的第一动力。习近平总书记在党的十九大报告中提出要“加快建设创新型国家”，在党的二十大报告中提出要深入实施科教兴国战略、人才强国战略、创新驱动发展战略。实现创新驱动，关键在于促进科技创新的进步、提升技术创新对经济发展的作用。虽然我国在科技创新方面取得了一系列成就，成为全球具有重要影响力的大国，但是面临重大技术瓶颈、关键核心技术受制于人的状况依然存在，科技基础依然偏弱，科技创新能力依然不足。在这种情况下，我们应该通过夯实科技基础、破解科技发展难题、加强科技供给服务经济发展、深化科技体制机制改革、强化人才培养等措施，推进高水平科技自立自强，使科技服务经济发展，提升创新驱动水平。

2 五大发展理念

新时代的发展理念

发展是党执政兴国的第一要务，是解决我国一切问题的基础和关键。发展理念是发展行动的先导，发展理念是否对头，从根本上决定着发展成效乃至成败。新发展理念是指“创新、协调、绿色、开放、共享”五大发展理念，是习近平总书记 2015 年 10 月在党的十八届五中全会上提出来的。2019 年中央经济工作会议强调，新时代抓发展，必须更加突出发展理念，推动经济高质量发展。习近平总书记指出，新发展理念“回答了关于发展的目的、动力、方式、路径等一系列理论和实践问题”。新发展理念是党的十八大以来我们党提出的最重要的理念，是经济发展的“指挥棒”和“红绿灯”。贯彻新发展理念是关系我国发展全局的一场深刻变革，是新时代我国发展壮大的必由之路。

创新是引领发展的第一动力，创新发展注重的是解决发展动力问题。尽管我国技术创新能力不断提升，但是从整体来说，我国创新能力依然不强，科技整体发展水平依然偏弱，科技对经济发展的贡献率较发达国家明显偏低。同时，新一轮科技革命和产业变革使全球各个国家科技竞争强度增加，在这种情况下，如果不提高科技创新能力，那么我国发展动力就无法实现转换，在全球经济竞争中就会处于下风。因此，我们必须坚持创新在我国现代化建设全局中的核心地位，让创新贯穿党和国家一切工作，全面提升创新能力和效率，把创新发展主动权牢牢掌握在自己手中。

协调是持续健康发展的内在要求，协调发展注重的是解决发展不平衡问题。我国作为一个发展中大国，发展不协调问题长期存在，这体现在区域、城乡、经济和社会、物质文明和精神文明、经济建设和国防建设等诸多领域。我们必须正确处理局部和全局、当前和长远、重点和非重点的关系，在发展中促进相对平衡，不断增强发展的整体性。

绿色是永续发展的必要条件和人民对美好生活追求的重要体现，绿色发展注重的是解决人与自然和谐共生问题。循环低碳发展，是当代科技革命和产业变革的方向，也是发展潜力巨大的领域，能够形成诸多新经济增长点。我国资源约束趋紧、环境污染突出、生态系统退化的问题依然较为突出，人民群众对优美生态环境的需要日益增长。我们必须实现经济社会发展和生态环境保护协同共进，加快发展方式绿色转型，推动形成绿色低碳的生产方式和生活方式。推动美丽中国建设，并为全球生态安全作出贡献。

开放是国家繁荣发展的必由之路，开放发展注重的是解决内外联动问题。开放带来进步，封闭必然落后。当前时期，国际经济合作与竞争格局发生深刻变化，利用外资和对外直接投资在深度、广度、节奏上都大大超出过去的时代，应对外部风险和维护经济安全的压力也在不断加大。我们必须坚持对外开放的基本国策，坚定奉行互利共赢的开放战略，不断深化与外部经济交流，完善对外开放布局，推动形成更大范围、更宽领域、更深层次对外开放格局，不断增强我国国际经济合作和竞争新优势。

共享是中国特色社会主义的本质要求，共享发展注重的是解决社会公平正义问题。只有让广大人民群众共享改革的发展成果，才能体现出我们的制度优越性，体现出党全心全意为人民服务的根本宗旨。当前时期，虽然我国经济持续快速发展，经济规模不断扩大，但是收入分配不公的问题比较突出。我们必须作出更有效的制度安排，坚持全民共享、全面共享、共建共享、渐进共享，扎实推进全体人民共同富裕。

新发展理念是创新、协调、绿色、开放、共享五大理念组成的五位一体的体系，不能将其割裂开来，也不能相互替代，片面强调其中的部分内容。在新发展阶段，我们必须坚持以人民为中心的发展思想，完整、准确、全面贯彻新发展理念。这既是经济社会发展的工作要求，也是十分重要的政治要求。

3 一个新发展阶段

向第二个百年奋斗目标进军的新征程

2020 年 10 月，习近平总书记在党的十九届五中全会第二次全体会议上的讲话中指出：“新发展阶段就是全面建设社会主义现代化国家、向第二个百年奋斗目标进军的阶段。”

第一，结合中国社会主义发展历程，理解和把握新发展阶段。习近平总书记指出：“今天我们所处的新发展阶段，就是社会主义初级阶段中的一个阶段，同时是其中经过几十年积累、站到了新的起点上的一个阶段。”中国共产党奋斗的历程，就是团结带领人民把我国建设成为社会主义现代化强国、实现中华民族伟大复兴的过程。从新中国成立开始，我国便开启艰辛探索的历程，提出“四个现代化”的发展目标；改革开放后，邓小平提出了“三步走”战略，力争在本世纪中叶基本实现现代化、达到中等发达国家水平；进入新时代，习近平总书记提出要在2035年基本实现社会主义现代化、到本世纪中叶把我国建成富强民主文明和谐美丽的社会主义现代化强国的奋斗目标。我们只有站在这个历史发展脉络上，才能准确理解和把握新发展阶段。

第二，全面建成小康社会目标的达成和脱贫攻坚战的胜利，为全面建设社会主义现代化国家创造了有利条件。作为全面建成小康社会的决胜阶段，“十三五”时期我国取得了决定性成就，经济实力、科技实力、综合国力等取得巨大进步。2020年我国国内生产总值达到1013567亿元，占全球比重的17.4%；人均国内生产总值达到72447元，折合成美元超过1万美元；累计有5575万农村贫困人口实现脱贫；建成了世界上规模最大的社会保障体系。“如期全面建成小康社会、打赢脱贫攻坚战，使中华民族伟大复兴向前迈出新的一大步，实现了从大幅落后于时代到大踏步赶上时代的新跨越”。

第三，在新发展阶段，中国式现代化具有鲜明的中国特色。一是人口规模巨大的现代化。中国式现代化必须从我国国情出发，首先要考虑人口基数问题，考虑我国城乡区域发展水平差异大等实际，既不能好高骛远，也不能因循守旧，而是要始终保持历史耐心，坚持稳中求进、循序渐进、持续推进。二是全体人民共同富裕的现代化。我们必须把人民对美好生活的向往作为现代化建设的出发点和落脚点，自觉主动解决地区差距、城乡差距、收入分配差距问题，让人民都享受到发展的成果。三是物质文明和精神文明相协调的现代化。中国式现代化，既要物质财富极大丰富，也要精神财富极大丰富，在思想文化上自信自强，铸就社会主义文化新辉煌。四是人与自然和谐共生的现代化，中国式现代化坚持可持续发展，统筹推进经济社会发展和生态环境保护。五是走和平发展道路的现代化。与西方国家采取暴力掠夺殖民地的发展道路不同，中国式现代化强调互利共赢、以构建人类命运共同体为发展方向。习近平总书记指出：“中国式现代化既切合中国实际，体现了社会主义建设规律，也体现了人类社会发展规律。”

4 一个新发展格局

以国内大循环为主体、国内国际双循环相互促进

以国内大循环为主体、国内国际双循环相互促进的新发展格局是习近平经济思想的重要内容。2020 年 5 月，中共中央政治局常务委员会会议正式提出“构建国内国际双循环相互促进的新发展格局”。2020 年 7 月，中央政治局会议进一步提出“加快形成以国内大循环为主体、国内国际双循环相互促进的新发展格局”。习近平总书记指出，构建新发展格局是把握未来发展主动权的战略性布局和先手棋，不是被迫之举和权宜之计。加快构建新发展格局，是立足实现第二个百年奋斗目标、统筹发展和安全作出的战略决策，也是贯彻新发展理念、推动高质量发展的重大举措，需要从全局高度准确把握和积极推进。

第一，畅通国内大循环。首先，要形成国民经济良性循环，贯通生产、分配、流通、消费各环节，保证经济运行通畅，使我国超大市场优势得以充分发挥。其次，要提升供给体系的效率和质量，满足人们日益多样化的需求，减小供给和需求之间的结构性差异，从而促进国内大循环。再次，推进生产要素市场化配置和商品服务流通等薄弱环节的体制机制改革，不断降低全社会交易成本，从而促进国内商品服务的流通效率，促进经济循环。最后，根据当前的经济形势，完善扩大内需的相关政策体系，使供给和需求之间形成相互促进的动态平衡格局。

第二，促进国内国际双循环。以国内大循环为主体，立足国内，坚

持扩大内需这个战略基点，以国内大循环吸引全球资源要素，充分利用国内国际两个市场、两种资源，积极促进内需和外需、进口和出口、引进外资和对外投资三个领域的协调发展。

第三，全面促进消费，拓展投资空间。要体现国内大循环的主体地位，就需要坚持扩大内需这个战略基点，不断扩大消费和投资。在消费方面，政府应采取广泛措施，促进消费。例如，适度引领消费的转变，提升传统消费，培育新型消费，适当增加公共消费，并推动新型消费业态的发展；健全流通体系，促进消费便利化；采取扩大节日消费、改善消费环境等措施促进消费。在拓展投资空间方面，应加快关系国计民生的重大项目、制约经济发展和人民生活水平提高的基础设施项目等方面的投资，既促进我国经济社会建设顺利进行，又保证投资空间的扩展。

构建新发展格局是开放的国内国际双循环，不是封闭的国内单循环；是在全国统一大市场基础上的国内大循环为主体，不是各地都搞自我小循环。党的二十大报告强调，我国构建新发展格局的重点：一是着力提高全要素生产率；二是着力提升产业链供应链韧性和安全水平；三是着力推进城乡融合和区域协调发展。构建新发展格局，目的在于在各种可以预见和难以预见的狂风暴雨、惊涛骇浪中增强我国的生存力、竞争力、发展力、持续力，确保中华民族伟大复兴进程不被迟滞甚至中断，胜利实现全面建成社会主义现代化强国目标。

5 一个首要任务和主题

着力推动高质量发展

党的十九大报告指出，我国经济已由高速增长阶段转向高质量发展阶段，正式提出了“高质量发展”概念。高质量发展，集中体现了坚持以提高发展质量和效益为中心，它是为了更好满足人民日益增长的美好生活需要的发展，是体现新发展理念的发展，是创新成为第一动力、协调成为内生特点、绿色成为普遍形态、开放成为必由之路、共享成为根本目的的发展。党的十九届五中全会提出以推动高质量发展为主题。党的二十大报告进一步指出，“高质量发展是全面建设社会主义现代化国家的首要任务”，提出“要坚持以推动高质量发展为主题”，明确实现高质量发展是中国式现代化的本质要求之一。高质量发展在未来我国经济发展中的核心地位得以确立。

习近平总书记指出：“新时代中国经济发展的重要特征是，由高速增长转向高质量发展、从量的扩张转向质的提升。”推动高质量发展，是保持经济持续健康发展的必然要求，是适应我国社会主要矛盾变化、全面建设社会主义现代化国家的必然要求，是遵循经济发展规律的必然要求。高质量发展是我国经济发展步入新阶段、内外部环境发生变化等诸多因素下的必然选择，也是“十四五”乃至更长时期我国经济发展的主题，关系我国社会主义现代化建设全局。

第一，推动高质量发展是保持经济持续健康发展的必然要求。随着国内国外条件的变化，我们必须向高质量发展转变，适应全球科技变化和消费需求升级，形成优质高效的供给体系。

第二，推动高质量发展是适应我国社会主要矛盾变化的必然要求。新时代我国社会主要矛盾是人民日益增长的美好生活需要和不平衡不充分的发展之间的矛盾，不平衡不充分发展的实质便是经济发展质量不高。实现平衡、充分发展，必须提高经济发展质量，不断促进产业结构升级。

第三，推动我国高质量发展是遵循经济规律的必然要求。经济发展是一个螺旋式上升的过程，量变积累到一定程度就会引起质变。经过40多年改革开放，我国经济发展已经进入了质变的阶段，即高质量发展阶段。

习近平总书记指出：“高质量发展就是体现新发展理念的发展，是经济发展从‘有没有’转向‘好不好’。”高质量发展在当前阶段主要体现为要以技术创新为主导因素推动经济转型升级，建设现代化经济体系。

党的二十大报告提出，建设现代化经济体系需要将经济发展的着力点放在实体经济上，并提出要“加快建设制造强国、质量强国、航天强国、交通强国、网络强国、数字中国”，从而推动新型工业化建设。这就构成了现代化产业体系的框架和核心内容。党的二十大报告还提出了6个方面的具体任务：一是优化提升产业链，主要包括巩固产业优先地位、补齐重要领域短板、提升战略资源保障能力。二是推动产业融合，推动一批战略性新兴产业发展，包括新一代信息技术、人工智能、生物技术、新能源、新材料、高端装备、绿色环保7个产业，使其成为未来经济发展的新引擎。三是建立优质高效服务业体系，并积极促进其与先进制造业、现代农业的产业融合。优质高效服务业的提出，将对未来我国服务业发展产生重要影响。四是加快发展物联网，并积极推动物流成本下降，这是针对长期以来我国物流成本居高不下并对实体经济发展产生负面作用而提出的。五是加快发展数字经济，并推进数字经济与其他产业融合，这是未来我国经济发展的重要趋势。六是强调在优化基础设施布局及系统集成的前提下，构建现代化基础设施。

6 两只手的作用

发挥市场在资源配置中的决定性作用和更好发挥政府作用

党的十八届三中全会提出，要使市场在资源配置中起决定性作用和更好发挥政府作用，这是新时代我们党对政府与市场作用关系的新定位。习近平总书记指出：“在市场作用和政府作用的问题上，要讲辩证法、两点论，‘看不见的手’和‘看得见的手’都要用好，努力形成市场作用和政府作用有机统一、相互补充、相互协调、相互促进的格局，推动经济社会持续健康发展。”只有使二者保持协调，才能保证改革不断深化和经济效率持续提升。

正确把握政府与市场作用的关系，集中反映了我国社会主义市场经济体制的不断完善。1992 年党的十四大报告最早提出建立社会主义市场经济体制。此后，我国社会主义市场经济体制开始逐步建立并不断完善。党的二十大报告第一次提出“高水平社会主义市场经济体制”这一概念。纵观我国社会主义市场经济体制的建立与完善进程，其核心内容一直集中于政府与市场关系的调整。

第一，强调“两个毫不动摇”。党的十八大之后，习近平总书记高度重视公有制经济和非公有制经济发展，多次论述二者的定位、关系等内容。党的十八届三中全会通过的《中共中央关于全面深化改革若干重大问题的决定》提出：“必须毫不动摇巩固和发展公有制经济，坚持公有制主体地位，发挥国有经济主导作用，不断增强国有经济活力、控制力、影响力。必须毫不动摇鼓励、支持、引导非公有制经济发展，激发非公有制经济活力和创造力。”在党的十九大报告中，“两个毫不动摇”被纳入新时代坚持和发展中国特色社会主义的基本方略，作为党和国家一项大政方针进一步确定下来。党的二十大报告进一步强调要坚持和完善社会主义基本经济制度，毫不动摇巩固和发展公有制经济，毫不动摇鼓励、支持、引导非公有制经济发展，充分发挥市场在资源配置中的决定性作用，更好发挥政府作用。

党的十九大以来，国有企业改革的主要内容是稳步推进混合所有制改革，完善国有资产的资产管理体制和国有资本的授权经营体制。关于民营企业，重点是加强公平竞争环境的构建，并着重解决当前阶段阻碍其发展的一些问题，同时强调发扬企业家精神，促进民营企业经营活力的提升。党的二十大报告强调，今后几年国有企业改革的重点是“深化国资国企改革，加快国有经济布局优化和结构调整，推动国有资本和国有企业做强做优做大，提升企业核心竞争力”，更加强调国有企业布局的优化、运营效率和影响力的提高。民营经济发展的重点是“优化民营企业发展环境，依法保护民营企业产权和企业家权益，促进民营经济发展壮大”。对二者提出的共同要求，是“完善中国特色现代企业制度，弘扬企业家精神，加快建设世界一流企业”。

第二，完善社会主义市场经济各项基本制度。政府与市场的关系，具体地体现于社会主义市场经济的各项基本制度之中。其主要内容包括：一要深化简政放权、放管结合、优化服务改革。二要构建全国统一大市场，并不断推进要素市场改革，建设高标准市场体系。三要完善市场基本制度，营造良好营商环境，主要包括产权保护、市场准入、公平环境、社会信用等。

第三，健全宏观经济治理体系。宏观经济治理体系是更好发挥政府作用以及发挥市场在资源配置中决定性作用的重要体现。其主要内容包括：一是着重强调战略规划的作用。这是社会主义市场经济体制优势。二是强调财政改革，特别是预算改革，不断健全现代预算制度，优化税收制度和转移支付制度改革。三是高度重视金融改革，主要内容包括建设现代中央银行制度、强化稳定金融保障体系等。四是强调资本市场改革，重点是通过资本市场改革，提高直接融资比重，改变企业资金来源过度依赖银行等金融机构的状况。五是强调反垄断和反不正当竞争，对资本实行规范和引导。

新时代我国社会主义市场经济体制的完善，内容广泛，既涉及诸多领域，又涉及深层次体制，改革难度较大。要“坚持‘两点论’和‘重点论’的统一，善于厘清主要矛盾和次要矛盾、矛盾的主要方面和次要方面，区分轻重缓急”，“以重点突破带动整体推进，在整体推进中实现重点突破”。

7 一条主线

推进供给侧结构性改革

供给侧结构性改革是党中央于 2015 年提出的战略性举措，它的根本目的在于“提高社会生产力水平，落实好以人民为中心的发展思想”。

2016年年初，习近平总书记指出："当前和今后一个时期，我国经济发展面临的问题，供给和需求两侧都有，但矛盾的主要方面在供给侧。"这首先表现在供给侧所提供的产品和服务不能满足需求升级的需要。在工业领域，体现在我国一些产业产能严重过剩，而大量关键设备、关键核心技术以及高端产品依然依赖于进口，国内庞大的市场并没有完全被我们所掌握；在农业领域，一些农产品在质量、信誉等方面依然存在很大问题，不能有效满足消费者的需要。有效供给能力不足，导致大量需求产生外溢。解决这些问题，必须推进供给侧结构性改革。其次，从国际情况看，世界经济结构正发生深刻调整，国际金融危机导致国际市场需求在短期内急剧萎缩，加之人口老龄化、劳动人口增长率不断下降、生产成本增长过快，经济发展面临诸多困难。在这种情况下，我们必须实施供给侧结构性改革，才能在国际竞争中找准定位。最后，经济发展面临"经济增速下降、工业品价格下降、实体企业盈利下降、财政收入下降、经济风险发生概率上升"，即"四降一升"的经济下行困境。解决这些结构性问题，就不能仅仅依靠刺激内需等方式，而必须推进供给侧结构性改革，促进供需结构向高水平供需平衡改变。

起初，供给侧结构性改革的主要任务被概括为"三去一降一补"，即去产能、去库存、去杠杆、降成本、补短板。经过这几年实践，供给侧结构性改革已经取得显著成效，供给效率明显提升。当前阶段，供给侧结构性改革的主要方向是不断提升供给体系效率，支撑新发展格局的构建。习近平总书记指出："畅通经济循环最主要的任务是供给侧有效畅通，有效供给能力强可以穿透循环堵点、消除瓶颈制约，可以创造就业和提供收入，从而形成需求能力。"

我国供给侧结构性改革，同西方经济学的供给学派具有本质区别，"不能把供给侧结构性改革看成是西方供给学派的翻版，更要防止有些人用他们的解释来宣扬'新自由主义'"。西方供给学派兴起于20世纪70年代，当时凯恩斯主义的需求管理政策失效，西方国家陷入经济"滞胀”局面。供给学派的主要理论基础是“萨伊定律”，认为供给会自动创造需求。在政策主张方面，供给学派过于强调减税，以提高人们储蓄、投资的能力和积极性，同时，也要积极削减政府支出，并限制货币发行量、稳定物价。整体来看，西方供给学派的政策倾向是排斥政府对经济的干预，暗含的理论前提是新自由主义。

8 一个战略基点
扩大内需

扩大内需作为战略基点，对于我国经济建设具有十分重要的意义。习近平总书记指出：“构建完整的内需体系，关系我国长远发展和长治久安。”这是因为，长期以来，尽管我国经济持续快速发展，但是消费对经济发展贡献度不足问题比较突出。2014 年 12 月，习近平总书记在中央经济工作会议上指出，我国“总体消费水平还不高、余地还很大”。党的十八大之后，我国最终消费增速渐快，但是受新冠疫情等因素影响，我国消费额呈现一定程度反复，消费增长乏力，这与我国构建新发展格局需要国内消费不断增长不相适应。从最终消费率指标的情况看，改革开放以来，我国最终消费率一直处于较低水平，特别是自 2003 年以后，我国最终消费率一直低于 60%，2021 年为 54.5%。2022 年我国社会消费品零售总额 439733 亿元，同比下降 0.2%。过低的最终消费率，必将对经济可持续发展造成不利影响。

实施扩大内需战略是“保持我国经济长期持续健康发展的需要，也是满足人民日益增长的美好生活的需要”，还是基于构建新发展格局的需要，而不是为了应付一时之需。2021 年 1 月，习近平总书记在省部级主要领导干部学习贯彻党的十九届五中全会精神专题研讨班上的讲话中指出：“扩大内需并不是应对金融风险和外部冲击的一时之策……而是要根据我国经济发展实际情况，建立起扩大内需的有效制度，释放内需潜力，加快培育完整内需体系，加强需求侧管理，扩大居民消费，提升消费层次，使建设超大规模的国内市场成为一个可持续的历史过程。”作为推动高质量发展的持久动力，只有不断提升最终需求对经济发展的拉动力，才能促进我国经济可持续发展，推动经济发展质量提高。因此，扩大内需是我们着眼于经济发展需要而提出的战略举措，是一项长期性措施。

扩大内需具有坚实的基础。习近平总书记指出，“市场资源是我国的巨大优势”。我国作为全球人口最多、人均 GDP 超过 1 万美元、经济增速排名前列的大国，具有超大市场的优势，具备不断支撑内需扩大的条件和基础。特别是我国拥有 4 亿多的中等收入群体，这是世界上规模最大的中等收入群体，是我国扩大消费的重要基础。

习近平总书记指出：“尽快形成完整内需体系，着力扩大有收入支撑的消费需求、有合理回报的投资需求、有本金和债务约束的金融需求。”在消费方面，应该建立并完善扩大居民消费的长效机制，增加居民稳定收入，降低消费后顾之忧，优化消费环境，使其能消费、敢消费、愿消费。在投资方面，应完善扩大投资机制，不断拓展有效投资空间，适度超前部署新型基础设施建设，特别是扩大高技术产业和战略性新兴产业投资，持续激发民间投资活力。同时，继续深化供给侧结构性改革，针对供给约束堵点、卡点、脆弱点采取措施予以突破，不断推动科技创新、制度创新，提升产业链供应链韧性和安全水平，不断提升供给体系质量水平，创造新的需求。

9 五大举措推进乡村振兴

产业振兴、人才振兴、文化振兴、生态振兴、组织振兴

民族要复兴，乡村必振兴。2017 年 10 月，党的十九大报告正式提出了乡村振兴战略。2018 年 3 月 8 日，习近平总书记在参加十三届全国人大一次会议山东代表团审议时提出，实施乡村振兴战略，要推动乡

村产业振兴、乡村人才振兴、乡村文化振兴、乡村生态振兴、乡村组织振兴。“五个振兴”与产业兴旺、生态宜居、乡风文明、治理有效、生活富裕的总体要求互为表里，成为实施乡村振兴战略的具体路径和具体抓手。

乡村振兴战略是“关系全面建设社会主义现代化国家的全局性、历史性任务”，是“新时代‘三农’工作的总抓手”。党的二十大报告进一步提出“全面推进乡村振兴战略”，指出：“全面建设社会主义现代化国家，最艰巨最繁重的任务仍然在农村。”

产业振兴是乡村振兴的根本依托。习近平总书记指出，“乡村振兴要在产业生态化和生态产业化上下功夫，继续做强做大有机农产品生产、乡村旅游、休闲农业等产业”。乡村产业振兴首先要做好与农业农村相关的产业，从而繁荣农村经济，提高农民收入。

人才振兴是推动乡村振兴的关键。习近平总书记指出：“要积极培养本土人才，鼓励外出能人返乡创业，鼓励大学生村官扎根基层，为乡村振兴提供人才保障。”

文化振兴是乡村振兴的重要依托。习近平总书记指出：“要推动乡村文化振兴，加强农村思想道德建设和公共文化建设，以社会主义核心价值观为引领，深入挖掘优秀传统农耕文化蕴含的思想观念、人文精神、道德规范，培育挖掘乡土文化人才，弘扬主旋律和社会正气，培育文明乡风、良好家风、淳朴民风，改善农民精神风貌，提高乡村社会文明程度，焕发乡村文明新气象。”

生态振兴，就是要注重乡村振兴过程中的生态文明建设。习近平总书记指出：“环境好了，生活才能更好。良好的人居环境是广大农民的殷切期盼，要坚持绿色发展，打造农民安居乐业的美丽家园，让良好生态成为乡村振兴的支撑点。”

组织振兴，就是“要加强基层党组织建设，选好配强党组织带头人，发挥好基层党组织战斗堡垒作用，为乡村振兴提供组织保证”。

从以上 5 个方面推进乡村振兴，其支撑政策体系和重点措施的具体内容，主要包括：

第一，强化粮食安全，保证粮食供给。要将粮食安全放在重要地位，强调树立大食物观，将粮食、非粮食农作物、畜牧业等相关食物概念打通，以更宽广的视角看待粮食安全问题。

第二，深入推进农业供给侧结构性改革。要发展特色农业、拓宽农民增收致富渠道，重点在于通过加快建设现代农业产业体系，推进第一、二、三产业融合，不断提高农业的生产效益和竞争水平，从而为增加农民收入打好基础。

第三，巩固拓展脱贫攻坚成果。重点是要完善农村低收入人口和欠发达地区的帮扶机制，不断增强其内生发展动力。巩固拓展脱贫攻坚成果是全面推进乡村振兴的底线任务。

第四，建设宜居宜业和美乡村。把乡村建设摆在社会主义现代化建设重要位置，统筹乡村基础设施和公共服务布局，让广大农民也过上现代化生活，享受到发展的成果。

第五，深化农村改革。主要内容包括发展新型农村集体经济、发展农业适度规模经营、深化土地制度改革以促进农民享受更充分的财产权益、保障进城落户农民合法土地权益、完善农业支持保护制度及健全农村金融服务体系。

第六，健全党组织领导的自治、法治、德治相结合的乡村治理体系。重点是加强农村基层党组织建设，深化村民自治实践，开展农村精神文明建设。

10 十三个方面

我国经济高质量发展的科学指南

习近平经济思想是习近平新时代中国特色社会主义思想的重要组成部分，是马克思主义政治经济学在当代中国、21 世纪世界的最新理论成果，是做好新时代经济工作、推动我国经济高质量发展、全面建设社会主义现代化国家的科学指南。2022 年 6 月出版的《习近平经济思想学习纲要》将习近平经济思想的基本内容概括为 13 个方面，具体内容包括：

一是明确加强党对经济工作的全面领导，这是我国经济发展的根本保证。习近平总书记曾指出：“党是总揽全局、协调各方的，经济工作是中心工作，党的领导当然要在中心工作中得到充分体现，抓住了中心工作这个牛鼻子，其他工作就可以更好展开。”当前，加强党对经济工作的全面领导，重点在于在深化对我国经济发展规律认识的基础上，不断提高党领导我国经济发展能力和水平，把党领导经济工作的制度优势转化为治理效能。

二是明确坚持以人民为中心的发展思想，这是我国经济发展的根本立场。人民就是江山，共产党打江山、守江山，守的是人民的心，为的是让人民过上好日子。我们党的百年奋斗史就是为人民谋幸福的历史。习近平经济思想坚持把人民的利益作为党领导经济工作的根本出发点和落脚点。当前阶段，这突出体现在要落实共享发展理念，让人民共享发展成果，扎实推进全体人民共同富裕。

三是明确进入新发展阶段，这是我国经济发展新的历史方位。我们必须在全面建成小康社会的基础上，以全面建成社会主义现代化强国为目标，通过不断完善社会主义市场经济体制改革，推动经济高质量发展。

四是明确坚持新发展理念，这是我国经济发展的指导原则。以创新、协调、绿色、开放、共享为内容的新发展理念，是我国经济发展的“指挥棒”和“红绿灯”，它使我国将经济建设与其他方面的建设、经济建设的各个组成部分拧为一体。我们要完整、准确、全面贯彻新发展理念，而不能将其割裂开来，片面强调其中的部分内容。

五是明确构建新发展格局，这是我国经济发展的路径选择。构建新发展格局是在深刻把握我国经济发展长期需要与当前经济发展环境而提出的战略路径，我们必须按照以国内大循环为主体、国内国际双循环相互促进的要求推进经济发展。

六是明确推动高质量发展，这是我国经济发展的鲜明主题。高质量发展是我国当前经济建设的主题，我们在经济发展过程中必须注重经济发展质量提高，构建创新驱动发展的经济体系，推动经济结构不断优化提升。

七是明确坚持和完善社会主义基本经济制度，这是我国经济发展的制度基础。我国社会主义经济建设，必须坚持和完善公有制为主体、多种所有制经济共同发展，按劳分配为主体、多种分配方式并存，社会主义市场经济体制等为内容的社会主义基本经济制度。

八是明确坚持问题导向部署实施国家重大发展战略，这是我国经济发展的战略举措。我们要增强问题意识，聚焦新问题、深层次问题，人民群众急难愁盼问题、重大国际问题等，推动我国经济发展。

九是明确坚持创新驱动发展，这是我国经济发展的第一动力。我们必须推动高水平科技自立自强，不断提升创新在经济发展中的作用，推动我国经济高质量发展。

十是明确大力发展制造业与实体经济，这是我国经济发展的主要着力点。实体经济是一国经济的立身之本、财富创造的根本源泉、国家强盛的支柱，只有大力发展制造业和实体经济，才能保证我国经济保持健康可持续状态。

十一是明确坚定不移地全面扩大开放，这是我国经济发展的重要法宝。开放才能进步，封闭必然落后，坚定不移扩大对外开放既是我国经济的宝贵经验，又是我国未来经济发展的重要支撑举措。

十二是明确统筹发展和安全，这是我国经济发展的重要保障。统筹发展和安全是在复杂环境下更好推进我国经济建设的应有之义，要在坚持总体国家安全观基础上，加快国家安全体系和能力建设，处理好开放与安全关系。

十三是明确坚持正确工作策略和方法，这是做好经济工作的方法论。重点是要坚持稳中求进的工作总基调、坚持系统观念、坚持问题导向和目标导向相结合、坚持集中精力做好自己的事、坚持以钉钉子精神抓落实。

六

发展全过程人民民主，坚定不移走中国特色社会主义政治发展道路

六 发展全过程人民民主，坚定不移走中国特色社会主义政治发展道路

- 一个关键：坚持党的领导、人民当家作主、依法治国有机统一是中国特色社会主义政治发展道路的关键
- 三大优势：全过程人民民主是最广泛、最真实、最管用的民主
- 三个层次政治制度：根本政治制度、基本政治制度、重要政治制度
  - 人民代表大会制度是我国的根本政治制度
  - 中国共产党领导的多党合作和政治协商制度、民族区域自治制度以及基层群众自治制度是我国的基本政治制度
  - 重要政治制度是由根本政治制度和基本政治制度派生而来的、国家治理领域各方面各环节的具体的主体性制度
- 三新：新型政党制度的特点和优势
  - 是马克思主义政党理论同中国实际相结合的产物
  - 把各个政党和无党派人士紧密团结起来、为着共同目标而奋斗
  - 通过制度化、程序化、规范化的安排集中各种意见和建议、推动决策科学化民主化
- 一个结合：依法治国和以德治国相结合
- 十一个坚持：新时代推进全面依法治国的重要思想和战略部署
  - 坚持党对全面依法治国的领导
  - 坚持以人民为中心
  - 坚持中国特色社会主义法治道路
  - 坚持依宪治国、依宪执政
  - 坚持在法治轨道上推进国家治理体系和治理能力现代化
  - 坚持建设中国特色社会主义法治体系
  - 坚持依法治国、依法执政、依法行政共同推进，法治国家、法治政府、法治社会一体建设
  - 坚持全面推进科学立法、严格执法、公正司法、全民守法
  - 坚持统筹推进国内法治和涉外法治
  - 坚持建设德才兼备的高素质法治工作队伍
  - 坚持抓住领导干部这个“关键少数”
- 一个重要法宝：巩固和发展最广泛的爱国统一战线

1 一个关键

坚持党的领导、人民当家作主、依法治国有机统一是中国特色社会主义政治发展道路的关键

党的十八大以来，习近平总书记多次强调，“坚持中国特色社会主义政治发展道路，关键是要坚持党的领导、人民当家作主、依法治国有机统一”。三者统一于我国社会主义民主政治伟大实践。党的十九大报告将坚持党的领导、人民当家作主、依法治国有机统一作为“健全人民当家作主制度体系，发展社会主义民主政治”的首要任务，并将坚持党对一切工作的领导、坚持人民当家作主、坚持全面依法治国确立为新时代坚持和发展中国特色社会主义的基本方略。党的二十大报告进一步强调，发展全过程人民民主，保障人民当家作主，“必须坚定不移走中国特色社会主义政治发展道路，坚持党的领导、人民当家作主、依法治国有机统一”。

坚持党的领导、人民当家作主、依法治国有机统一，既是中国社会主义民主政治的主要特征，也是中国社会主义民主政治建设的根本经验。

党的领导是人民当家作主和依法治国的根本保证。党的主张和人民意志高度统一，并通过法定程序使其上升为国家意志。党领导立法、保

证执法、支持司法、带头守法，在依法治国的基础之上，有效保证人民当家作主。坚持党的领导，就是要支持人民当家作主，实施好依法治国这个党领导人民治理国家的基本方略。必须确保党发挥总揽全局、协调各方的领导核心作用，通过人民代表大会制度保证党的路线方针政策和决策部署在国家工作中得到全面贯彻和有效执行。

人民当家作主是党的领导和依法治国的坚实基础，是社会主义民主政治的本质特征。没有民主就没有社会主义，就没有社会主义现代化，就没有中华民族伟大复兴。人民民主是社会主义的生命。党领导人民治理国家，就是支持和保证人民实现当家作主，并确保其具体地、现实地体现到治国理政的方方面面。保证人民当家作主，能确保良法善治落到实处，筑牢党的领导和依法治国的根基，为发展社会主义事业凝聚力量。要坚持国家一切权力属于人民的宪法理念，最广泛地动员和组织人民依照宪法和法律规定，通过各级人民代表大会行使国家权力，共同建设、共同享有、共同发展，使人民成为国家、社会和自己命运的主人。

依法治国是党领导人民治理国家的基本方式，为实现人民当家作主提供了制度化、法律化保障，推动人民依法享有平等参与国家政治生活的权利，确保国家治理中的人民主体地位。全面推进依法治国，坚持把法治作为治国理政基本方式，有利于加强和改善党的领导，巩固党的执政地位和完成党的执政使命。必须维护宪法法律权威，使民主制度化、法律化，通过人民代表大会制度，弘扬社会主义法治精神，依照人民代表大会及其常委会制定的法律法规来开展和推进国家各项事业和各项工作，保证人民平等参与、平等发展权利，维护社会公平正义，尊重和保障人权，实现国家各项工作法治化。

2 三大优势

全过程人民民主是最广泛、最真实、最管用的民主

我国是人民民主专政的社会主义国家，国家一切权力属于人民。人

民民主是中国共产党始终高举的旗帜。党的十八大以来，以习近平同志为核心的党中央深化对民主政治发展规律的认识，提出全过程人民民主的重大理念。2019 年 11 月 2 日，习近平总书记在考察上海市长宁区虹桥街道全国人大法工委基层立法联系点时，首次提出“人民民主是一种全过程的民主”的重要论断。2022 年 10 月，习近平总书记在党的二十大报告中指出:“全过程人民民主是社会主义民主政治的本质属性，是最广泛、最真实、最管用的民主。”

全过程人民民主是人民当家作主最有效的实现形式，坚持人民当家作主，就是要坚持以人民为中心，坚持国家一切权力属于人民，支持和保证人民通过人民代表大会行使国家权力，健全民主制度，丰富民主形式，拓宽民主渠道，保证人民平等参与、平等发展权利，发展更加广泛、更加充分、更加健全的全过程人民民主。

全过程人民民主不仅有完整的制度程序，而且有完整丰富有效的参与实践。习近平总书记指出，“保证和支持人民当家作主不是一句口号、不是一句空话，必须落实到国家政治生活和社会生活之中”。我国实行工人阶级领导的、以工农联盟为基础的人民民主专政的国体，实行人民代表大会制度的根本政治制度，实行中国共产党领导的多党合作和政治协商制度、民族区域自治制度、基层群众自治制度等基本政治制度，巩固和发展最广泛的爱国统一战线，形成了全面、广泛、有机衔接的人民当家作主制度体系，构建了多样、畅通、有序的民主渠道。全体人民依法实行民主选举、民主协商、民主决策、民主管理、民主监督，依法通过各种途径和形式管理国家事务，管理经济和文化事业，管理社会事务。我国全过程人民民主实现了过程民主和成果民主、程序民主和实质民主、直接民主和间接民主、人民民主和国家意志相统一，是全链条、全方位、全覆盖的民主。

全过程人民民主是最广泛的社会主义民主。一个国家民主不民主，关键在于是不是真正做到了人民当家作主。社会主义民主比资本主义民主以及其他民主具有更广泛的代表性和最广泛的群众基础。中国共产党领导中国人民实现全过程人民民主，构建起覆盖960多万平方公里土地、14亿多中国人、56个民族的民主体系，实现了最广大人民的广泛持续参与，有效融合党的主张、国家意志、人民意愿，形成了集中力量办大事的制度优势。

全过程人民民主是最真实的社会主义民主。人民当家作主，要看人民有没有投票权，更要看人民有没有广泛参与权。我国人民不仅依法享有平等广泛真实的政治民主权利，而且享有平等广泛真实的经济民主、社会民主和文化民主等各项权利。用法律和制度保证人民的知情权、参与权、选举权和被选举权、协商权、表达权、管理权以及监督权等权利得到充分实现，有效激发人民依法通过各种途径和形式管理国家和社会事务、管理经济和文化事业等的积极性、主动性、创造性，提高了国家治理效能。

全过程人民民主是最管用的社会主义民主。民主不是装饰品，不是用来做摆设的，而是要用来解决人民急难愁盼问题的。发展全过程人民民主，就是要把人民当家作主具体地、现实地体现到党治国理政的各项政策措施上来，具体地、现实地体现到党和国家机关各个方面各个层级的工作上来，具体地、现实地体现到不断满足人民对美好生活向往的工作上来。如果人民只有在投票时被唤醒、投票后就进入休眠期，只有竞选时聆听天花乱坠的口号、竞选后就毫无发言权，只有拉票时受宠、选举后就被冷落，这样的民主不是真正的民主。发展全过程人民民主，就是要积极回应人民群众对民主、法治、公平、正义、安全、环境等方面的新要求新期待，切实维护社会公平正义，着力解决发展不平衡不充分问题，用法治保障人民安居乐业，用民主提升人民幸福生活的质量和促进人的全面发展，扎实推进全体人民共同富裕。

发展全过程人民民主是中国式现代化的本质要求之一。我们要扎实推进全过程人民民主，坚持走中国特色社会主义政治发展道路，健全人民当家作主制度体系，发挥人民群众积极性、主动性、创造性，巩固和发展生动活泼、安定团结的政治局面，到2035年，使全过程人民民主制度更加健全。

3 三个层次政治制度

根本政治制度、基本政治制度、重要政治制度

2014 年 9 月 5 日，习近平总书记在庆祝全国人民代表大会成立 60 周年大会上的讲话中指出：“在中国建立什么样的政治制度，是近代以后中国人民面临的一个历史性课题。为解决这一历史性课题，中国人民进行了艰辛探索。”2019 年 10 月，党的十九届四中全会审议通过《中共中央关于坚持和完善中国特色社会主义制度 推进国家治理体系和治理能力现代化若干重大问题的决定》，第一次完整深刻阐述了坚持和完善中国特色社会主义制度在各方面必须坚持的根本制度、基本制度和重要制度，这是对新中国成立以来我国制度建设的经验总结，对今后坚持和完善中国特色社会主义制度、推进国家治理体系和治理能力现代化，具有十分重要的理论和实践指导意义。在政治制度领域，根本政治制度、基本政治制度和重要政治制度是构建系统完备、科学规范、运行有效的政治制度体系不可或缺的有机组成部分。党的二十大报告强调，要“坚持和完善我国根本政治制度、基本政治制度、重要政治制度，拓展民主渠道，丰富民主形式，确保人民依法通过各种途径和形式管理国家事务，管理经济和文化事业，管理社会事务”。

新中国成立以来，我们坚持从国情出发、从实际出发，把握长期形成的历史传承，把握走过的发展道路、积累的政治经验、形成的政治原则，把握现实要求，着眼解决现实问题，形成了历史和现实、理论和实践、形式和内容有机统一的国家政治制度。

人民代表大会制度是我国的根本政治制度，是中国特色社会主义制度的重要组成部分，是支撑国家治理体系和治理能力的根本政治制度，是坚持党的领导、人民当家作主、依法治国有机统一的根本政治制度安排。实行人民代表大会制度，是我们党领导人民在人类政治制度史上的

伟大创造，是深刻总结近代以来中国政治生活的惨痛教训得出的基本结论，是中国社会100多年激越变革、激荡发展的历史结果，是中国人民翻身作主、掌握自己命运的必然选择。人民代表大会制度之所以具有强大的生命力和显著优越性，关键在于它深深植根于人民，符合中国国情和实际，体现了社会主义国家的性质，切实保证人民当家作主，是实现中华民族伟大复兴的重要制度保障。

中国共产党领导的多党合作和政治协商制度、民族区域自治制度以及基层群众自治制度是我国的基本政治制度。这些制度，坚持科学社会主义基本原则，体现了我国的社会主义性质，符合我国社会主义初级阶段的基本国情，规定了当下党和国家政治生活的基本原则。

重要政治制度是由根本政治制度和基本政治制度派生而来的、国家治理各领域各方面各环节的具体的主体性制度，如“一国两制”制度体系、党和国家监察制度体系等。这些重要政治制度，向上连接政治制度的顶层即中国特色社会主义民主政治的根本制度与基本制度，向下连接政治制度运行中产生的具体制度机制，是充分发挥制度优势与提升治理效能的重要载体。

“举一纲而万目张”。根本政治制度是管总的、管全局的，是我国政治制度体系之纲，在我国政治制度体系中居于基础地位，具有统领中国特色社会主义政治制度的重要作用。基本政治制度具有长期性和稳定性。重要政治制度对维护根本政治制度、基本政治制度的遵守和执行，对推动中国特色社会主义政治制度的坚持和完善发挥着重要作用。根本政治制度、基本政治制度、重要政治制度相互联系、相互贯通、相互作用，共同支撑起中国特色社会主义政治制度体系。这样一套制度安排，是在我国历史传承、文化传统、经济社会发展的基础上长期发展、渐进改进、内生性演化的结果，具有鲜明的中国特色，必须长期坚持、全面贯彻、不断发展。

4 三新

新型政党制度的特点和优势

70多年来，中国共产党团结带领各族人民创造和发展了新型政党制度，即中国共产党领导的多党合作和政治协商制度，极大地提升了国家治理现代化水平，推进了中国政治文明的进步，彰显了中国共产党和中国人民伟大的政治智慧。

党的十八大以来，习近平总书记总结历史经验，根据时代需要，对我国新型政党制度作出了一系列重要论述，从多方面创造性地发展了新型政党制度理论，推动了我国政党制度的完善和创新。2018年3月4日，习近平总书记在参加全国政协十三届一次会议民盟、致公党、无党派人士、侨联界委员联组会时发表重要讲话，首次正式阐述了“新型政党制度”的丰富内涵和时代价值，系统概括了中国新型政党制度“三新”的特点和优势以及新型政党制度与旧式政党制度的本质区别。习近平总书记明确指出：“中国共产党领导的多党合作和政治协商制度作为我国一项基本政治制度，是中国共产党、中国人民和各民主党派、无党派人士的伟大政治创造，是从中国土壤中生长出来的新型政党制度。”

新型政党制度，“新就新在它是马克思主义政党理论同中国实际相结合的产物，能够真实、广泛、持久代表和实现最广大人民根本利益、全国各族各界根本利益，有效避免了旧式政党制度代表少数人、少数利益集团的弊端”。新型政党制度始终植根人民，具有广泛的代表性、极大的包容性，始终为最广大人民的根本利益服务，显示出蓬勃的生机。新型政党制度符合中国历史发展规律和中国人民的根本利益，符合民主党派和无党派民主人士的意愿，具有伟大独创性、巨大优越性和强大生命力。

新型政党制度，“新就新在它把各个政党和无党派人士紧密团结起来、为着共同目标而奋斗，有效避免了一党缺乏监督或者多党轮流坐庄、恶性竞争的弊端”。中国共产党领导的多党合作和政治协商制度，政党之间是团结奋斗而非恶性竞争的关系，实现了执政党的集中统一领导与参政党的多元政治参与的有机结合，保证了多党合作的旺盛活力。作为一个人口规模巨大的发展中国家，中国社会存在利益诉求多元化、发展不平衡不充分的问题，需要一个能代表最广大人民利益的政党制度，在广泛民主的基础上集中，广泛征集和反映社情民意，整合社会资源，集中各种力量办大事，维护安定团结的社会局面，为人民谋福利。

新型政党制度，“新就新在它通过制度化、程序化、规范化的安排集中各种意见和建议、推动决策科学化民主化，有效避免了旧式政党制度囿于党派利益、阶级利益、区域和集团利益决策施政导致社会撕裂的弊端”。新型政党制度以中国共产党为领导核心，鼓励各民主党派和无党派人士围绕共同的事业和目标深入调研、参政议政，有利于科学执政、民主执政、依法执政，提高效率办成大事，保持和发挥社会主义制度的特点和优势。新型政党制度强调互相监督，特别是中国共产党要自觉接受民主党派的民主监督，鼓励民主党派提出真知灼见，有利于调动全社会的积极性、主动性和创造性，避免中国共产党决策和工作的失误，实现科学执政，从而达到凝聚各方智慧和力量，照顾各方利益，促进社会和谐发展的目的。

5 一个结合

依法治国和以德治国相结合

2016 年 12 月 9 日，习近平总书记在主持十八届中央政治局第三十七次集体学习时强调，中国特色社会主义法治道路的一个鲜明特点，就是坚持依法治国和以德治国相结合，强调法治和德治两手抓、两手都要硬。这既是对历史经验的总结，也是对治国理政规律的深刻把握。

法安天下，德润人心。法律与道德是相辅相成的，都具有规范社会行为、调节社会关系、维护社会秩序的作用，是社会治理的重要手段。从调节手段的强度来看，法律是硬性的准绳，规定什么不能做，做了就要受到惩罚；道德是社会文明的基石，弘扬什么是好的，做了就能够得到社会的褒扬。从辩证关系来看，法律是成文的道德，道德是内心的法律。法律的有效实施有赖于道德支持，道德践行也离不开法律约束。法治和德治不可分离、不可偏废，国家治理需要法律和道德协同发力。

党的十八大以来，习近平总书记对依法治国和以德治国相结合作过多次重要论述。这些重要论述是对传统礼法合治思想和实践以及新中国成立以来治国理政经验的继承和发展，是习近平法治思想的重要内容，是习近平新时代中国特色社会主义思想的重要组成部分。

依法治国和以德治国相结合，既是实现全面依法治国目标必须坚持的原则，又是坚持社会主义法治道路的鲜明特点；既是全面推进依法治国的重要内容，又在法治中国建设中具有独特地位。在新的历史条件下，我们要把依法治国基本方略、依法执政基本方式落实好，把法治中国建设好，必须坚持依法治国和以德治国相结合，既重视发挥法律的规范作用，又重视发挥道德的教化作用，使法治和德治在国家治理中相互补充、相互促进、相得益彰，推进国家治理体系和治理能力现代化。

坚持依法治国和以德治国相结合，是我们党对历史经验教训的深刻总结。社会发展演进的兴衰更替历程昭示我们，法治和德治都是治国理政不可或缺的重要手段。中华优秀传统文化蕴含着丰富的礼法并重、德法合治思想。无论是周公主张的“敬天保民”“明德慎罚”，还是孔子提出的“为政以德”；无论是荀子主张的“化性起伪”“隆礼重法”，还是董仲舒提出的治国要秉持“大德而小刑”的原则，都体现了德法并用的治理传统。在我国历史上，法治和德治运用得当的时期，大多能出现较好的治理和发展局面。在国外，凡是治理比较有效的国家，往往在注重法治的同时，也注重用道德规范调节人们的行为。

坚持依法治国和以德治国相结合，是我们党对治国理政规律的深刻把握。当今世界，各国普遍采用的治理方式是法治，但依靠法律并不是人们治理国家的唯一选择。后工业时代，社会的高度复杂性和不确定性已经越来越证明单纯的法律治理的局限性，道德的支撑与补充越来越显示出其必然性和必要性。2014 年 10 月，党的十八届四中全会通过《中共中央关于全面推进依法治国若干重大问题的决定》，把坚持依法治国和以德治国相结合确定为全面推进依法治国，建设社会主义法治体系，建设社会主义法治国家的基本原则。党的十九大报告明确依法治国和以德治国相结合是坚持全面依法治国的重要内容。党的二十大报告进一步强调坚持依法治国和以德治国相结合，把社会主义核心价值观融入法治建设、融入社会发展、融入日常生活。在坚持法治的同时，把德治提高到治国方略的高度，并突出二者的有机结合，是对治国理政规律的深刻把握，是坚持走中国特色社会主义道路的必然选择。

坚持依法治国和以德治国相结合，必须发挥好法律的规范作用，以法治体现道德理念、强化法律对道德建设的促进作用，为道德提供可靠制度支持；必须发挥好道德的教化作用，以道德滋养法治精神、强化道德对法治文化的支撑作用，使法律转化为人们的内心自觉，为人们所遵行。

6 十一个坚持
新时代推进全面依法治国的重要思想和战略部署

2020 年 11 月召开的中央全面依法治国工作会议首次明确提出了“习近平法治思想”。习近平总书记强调，当前和今后一个时期要重点抓好“十一个坚持”：坚持党对全面依法治国的领导；坚持以人民为中心；坚持中国特色社会主义法治道路；坚持依宪治国、依宪执政；坚持在法治轨道上推进国家治理体系和治理能力现代化；坚持建设中国特色社会主义法治体系；坚持依法治国、依法执政、依法行政共同推进，法治国家、法治政府、法治社会一体建设；坚持全面推进科学立法、严格执法、公正司法、全民守法；坚持统筹推进国内法治和涉外法治；坚持建设德才兼备的高素质法治工作队伍；坚持抓住领导干部这个“关键少数”。“十一个坚持”紧紧围绕全面依法治国向哪里走、走什么路这一核心问题，深刻阐明了全面依法治国的政治方向，是习近平法治思想的主要内容，也是新时代推进全面依法治国的重要战略部署。

坚持党对全面依法治国的领导。党的领导是推进全面依法治国的根本保证和政治准绳，是社会主义法治的根本要求，是全面推进依法治国的题中应有之义。全面依法治国决不是要削弱党的领导，而是要加强和改善党的领导，不断提高党领导依法治国的能力和水平，巩固党的执政地位。必须坚持实现党领导立法、保证执法、支持司法、带头守法，健全党领导全面依法治国的制度和工作机制，推进党的领导制度化、法治化，通过法治保障党的路线方针政策有效实施，确保全面依法治国的正确方向。

坚持以人民为中心。以人民为中心是全面依法治国的根本立场。一方面，社会主义法治建设必须坚持人民主体地位。我国社会主义制度保证了人民当家作主的主体地位，也保证了人民在全面推进依法治国中的主体地位，这是我们的制度优势，也是中国特色社会主义法治区别于资本主义法治的根本所在。另一方面，依法保障人民权益是全面依法治国的根本目的。全面依法治国最广泛、最深厚的基础是人民，要把体现人民利益、反映人民愿望、维护人民权益、增进人民福祉落实到全面依法治国各领域全过程，不断增强人民群众获得感、幸福感、安全感，用法治保障人民安居乐业。

坚持中国特色社会主义法治道路。中国特色社会主义法治道路是全面依法治国的必由之路。习近平总书记强调：“我国法治建设的成就，大大小小可以列举出十几条、几十条，但归结起来就是开辟了中国特色社会主义法治道路这一条。”这是在我国历史传承、文化传统、经济社会发展的基础上长期发展、渐进改进、内生性演化的结果。中华法治文明历史悠久、底蕴深厚，形成了世界法制史上独树一帜的中华法系。近代以后，不少人试图在中国照搬西方法治模式，但最终都归于失败。历史和现实告诉我们，全面推进依法治国必须从中国国情和实际出发，传承中华优秀传统法律文化，从我国革命、建设、改革的实践中探索适合自己的法治道路。我们要学习借鉴人类法治文明的有益成果，但同时要树立自信，保持定力，决不照搬别国模式和做法。

坚持依宪治国、依宪执政。坚持依宪治国、依宪执政是全面依法治国的总规矩。宪法是国家的根本法，是党和人民意志的集中体现，具有最高权威和最高效力。全国各族人民、一切国家机关和武装力量、各政党和各社会团体、各企业事业组织，都必须以宪法为根本的活动准则，都负有维护宪法尊严、保证宪法实施的职责。

坚持在法治轨道上推进国家治理体系和治理能力现代化。只有全面依法治国，才能有效保障国家治理体系的系统性、规范性、协调性，才能最大限度凝聚社会共识；只有全面依法治国，才能为党和国家事业发展提供根本性、全局性、长期性的制度保障，才能真正做到为子孙万代计、为长远发展谋。

坚持建设中国特色社会主义法治体系。中国特色社会主义法治体系是推进全面依法治国的总抓手，包括完备的法律规范体系、高效的法治实施体系、严密的法治监督体系、有力的法治保障体系以及完善的党内法规体系等。

坚持依法治国、依法执政、依法行政共同推进，法治国家、法治政府、法治社会一体建设。三个依法共同推进，三个法治一体建设是全面依法治国的工作布局。依法治国、依法执政、依法行政是一个有机整体，关键在于党要坚持依法执政，各级政府要坚持依法行政。法治国家、法治政府、法治社会三者各有侧重、相辅相成。法治国家是法治建设的目标，法治政府是建设法治国家的主体，法治社会是构筑法治国家的基础。全面依法治国是一个系统工程，要整体谋划，注重系统、整体、协同推进，做到全方位全过程全覆盖，任何地区、任何组织、任何单位、任何个人都必须遵循全面依法治国的部署和要求。

坚持全面推进科学立法、严格执法、公正司法、全民守法。坚持科学立法、严格执法、公正司法、全民守法是推进全面依法治国的基本方针。这是在我国法治建设取得显著进步的基础上，结合实际对有法可依、有法必依、执法必严、违法必究原有方针的总结和升华，是新时代坚持推进法治领域改革和进一步提升立法、执法、司法、守法等领域能力和水平的新要求。

坚持统筹推进国内法治和涉外法治。统筹推进国内法治和涉外法治是当前全面依法治国的关键领域。要加快涉外法治工作战略布局，协调推进国内治理和国际治理，更好维护国家主权、安全、发展利益。要强化法治思维，运用法治方式，有效应对挑战、防范风险，综合利用立法、执法、司法等手段开展斗争，坚决维护国家主权、尊严和核心利益。要推动全球治理变革，积极构建人类命运共同体。

坚持建设德才兼备的高素质法治工作队伍。建设德才兼备的高素质法治工作队伍是当前全面依法治国的关键环节。一要政治过硬。全面推进依法治国，必须着力建设一支忠于党、忠于国家、忠于人民、忠于法律的社会主义法治工作队伍，要加强理想信念教育，深入开展社会主义核心价值观和社会主义法治理念教育。二要本领高强。推进法治专门队伍正规化、专业化、职业化，提高职业素养和专业水平，坚持立德树人，德法兼修，创新法治人才培养机制，努力培养造就一大批高素质法治人才及后备力量。

坚持抓住领导干部这个“关键少数”。各级领导干部在推进依法治国方面肩负着重要责任，要带头尊崇法治、敬畏法律，了解法律、掌握法律，不断提高运用法治思维和法治方式深化改革、推动发展、化解矛盾、维护稳定、应对风险的能力，做尊法学法守法用法的模范。

7 一个重要法宝

巩固和发展最广泛的爱国统一战线

统一战线是党的总路线总政策的重要组成部分，在我国革命、建设、改革不同历史时期发挥了重要作用。毛泽东曾经指出，统一战线是中国共产党在中国革命中战胜敌人的三大法宝之一。2021 年 7 月 1 日，在庆祝中国共产党成立 100 周年大会上，习近平总书记明确指出："爱国统一战线是中国共产党团结海内外全体中华儿女实现中华民族伟大复兴的重要法宝。"

在长期的革命、建设、改革过程中，我们已经形成了由中国共产党领导的，有各民主党派和各人民团体参加的，包括全体社会主义劳动者、社会主义事业的建设者、拥护社会主义的爱国者、拥护祖国统一和致力于中华民族伟大复兴的爱国者的广泛的爱国统一战线。

党的十八大以来，以习近平同志为核心的党中央统筹中华民族伟大复兴战略全局和世界百年未有之大变局，从治国理政的战略高度对统一战线工作作出全面部署，就加强和改进统一战线工作提出了一系列新理念新思想新战略，形成了习近平总书记关于做好新时代党的统一战线工作的重要思想。

统一战线是党克敌制胜、执政兴国的重要法宝。党的十九届六中全会通过的《中共中央关于党的百年奋斗重大成就和历史经验的决议》指出："建立最广泛的统一战线，是党克敌制胜的重要法宝，也是党执政兴国的重要法宝。"2022 年，习近平总书记在中央统战工作会议上指出，"统一战线是党克敌制胜、执政兴国的重要法宝"。这一重要论断，不仅表明了统一战线在党夺取全国政权的过程中紧紧依靠人民战胜强大敌人的重要作用，而且彰显了统一战线对于党长期执政条件下增强党的阶级基础、扩大党的群众基础、巩固党的执政地位的重要作用。

"统一战线是凝聚人心、汇聚力量的强大法宝。"党的二十大报告的这一科学论断，向我们昭示了人心是最大的政治。必须充分发挥统一战线的重要法宝作用，必须解决好人心和力量问题，必须正确处理一致性和多样性关系，必须坚持好发展好完善好中国新型政党制度，必须以铸牢中华民族共同体意识为党的民族工作主线，必须坚持我国宗教中国化方向，必须做好党外知识分子和新的社会阶层人士统战工作，必须促进非公有制经济健康发展和非公有制经济人士健康成长，必须发挥港澳台和海外统战工作争取人心的作用，必须加强党外代表人士队伍建设，必须把握做好统战工作的规律，必须加强党对统战工作的全面领导。这“十二个必须”是对新时代统一战线工作的经验总结，实现了马克思主义统一战线理论中国化新的飞跃。

统一战线是团结海内外全体中华儿女实现中华民族伟大复兴的重要法宝。团结就是力量。在全面建设社会主义现代化国家新征程上，我们必须坚持大团结大联合，坚持一致性和多样性的辩证统一，加强思想政治引领，广泛凝聚共识，广聚天下英才，努力寻求最大公约数、画出最大同心圆。只要我们不断巩固和发展各民族大团结、全国人民大团结、全体中华儿女大团结，铸牢中华民族共同体意识，形成海内外全体中华儿女心往一处想、劲往一处使的生动局面，就一定能够汇聚起实现中华民族伟大复兴的磅礴伟力。

七

坚持文化自信自强，建设社会主义文化强国

七 坚持文化自信自强，建设社会主义文化强国

- 五大使命任务：举旗帜、聚民心、育新人、兴文化、展形象
  - 举旗帜：高举马克思主义、中国特色社会主义的旗帜，坚持马克思主义在意识形态领域指导地位的根本制度
  - 聚民心：把凝聚民心作为文化和意识形态工作的出发点和落脚点
  - 育新人：坚持立德树人、以文化人
  - 兴文化：建设社会主义文化强国
  - 展形象：增强中华文明传播力影响力
- 二十四字要义：社会主义核心价值观的科学概括
  - 国家层面：富强、民主、文明、和谐
  - 社会层面：自由、平等、公正、法治
  - 公民层面：爱国、敬业、诚信、友善
- 三个事关：意识形态工作的极端重要性
  - 事关党的前途命运
  - 事关国家长治久安
  - 事关民族凝聚力和向心力
- 三权并握：把意识形态工作的领导权、管理权、话语权牢牢掌握在手中
- 一场输不起的战争：网络意识形态安全
- 构建三大体系：中国特色哲学社会科学重在构建学科体系、学术体系、话语体系
- 三大道德建设目标：明大德、守公德、严私德

1 五大使命任务

举旗帜、聚民心、育新人、兴文化、展形象

举旗帜、聚民心、育新人、兴文化、展形象是新时代中国特色社会主义文化建设的五大使命任务。2018 年 8 月 21 日，习近平总书记在全国宣传思想工作会议上强调，完成新形势下宣传思想工作的使命任务，必须以新时代中国特色社会主义思想和党的十九大精神为指导，增强“四个意识”、坚定“四个自信”，自觉承担起举旗帜、聚民心、育新人、兴文化、展形象的使命任务。党的二十大报告强调，围绕举旗帜、聚民心、育新人、兴文化、展形象建设社会主义文化强国。2023 年 6 月 2 日，习近平总书记在文化传承发展座谈会上的重要讲话中指出，在新的起点上继续推动文化繁荣、建设文化强国、建设中华民族现代文明，是我们在新时代新的文化使命。

举旗帜，就是高举马克思主义、中国特色社会主义的旗帜，坚持马克思主义在意识形态领域指导地位的根本制度，做好做强马克思主义宣传教育工作，坚持不懈用习近平新时代中国特色社会主义思想武装全党、教育人民、凝心铸魂、推动工作，在学懂弄通做实上下功夫，推动当代中国马克思主义、21 世纪马克思主义深入人心、落地生根。把深刻领悟“两个确立”的决定性意义，增强“四个意识”、坚定“四个自

信”、做到“两个维护”作为建设社会主义意识形态的关键。坚持马克思主义在我国哲学社会科学领域的指导地位，把握正确舆论导向，提高新闻舆论传播力、引导力、影响力、公信力，巩固壮大主流思想舆论，旗帜鲜明坚持真理，立场坚定批驳谬误。

聚民心，就是把凝聚民心作为文化和意识形态工作的出发点和落脚点，牢牢把握正确舆论导向，唱响主旋律，壮大正能量，做大做强主流思想舆论，宣传好社会主义现代化建设辉煌成就，讲清楚讲明白成就背后的理论逻辑、制度原因，增强广大党员、干部、群众对中国特色社会主义的信心和底气，把全党全国人民士气鼓舞起来、精神振奋起来，朝着党中央确定的宏伟目标团结一心向前进。

育新人，就是坚持立德树人、以文化人，建设社会主义精神文明、培育和践行社会主义核心价值观，提高人民思想觉悟、道德水准、文明素养，培养能够担当民族复兴大任的时代新人。时代新人要树立远大的共产主义理想和中国特色社会主义共同理想，要有热爱党、热爱社会主义、热爱祖国、热爱人民的大德，要涵养社会公德、家庭美德和修炼个人品德。要有丰富的学识和高远的见识，要有坚强的意志和顽强奋斗的精神。

兴文化，就是建设社会主义文化强国。文化是一个国家、一个民族的灵魂。文化兴国运兴，文化强民族强。要坚持中国特色社会主义文化发展道路，发展中国特色社会主义文化，以马克思主义为指导，立足当代中国现实，结合当今时代条件，发展面向现代化、面向世界、面向未来的，民族的科学的大众的社会主义文化，繁荣发展文化事业和文化产业，推动社会主义精神文明和物质文明协调发展，坚持为人民服务、为社会主义服务，坚持百花齐放、百家争鸣，推动中华优秀传统文化创造性转化、创新性发展，激发全民族文化创新创造活力，以社会主义核心价值观为引领，不断铸就中华文化新辉煌。

展形象，就是增强中华文明传播力影响力。坚守中华文化立场，提炼中华优秀传统文化蕴含的思想观念、人文精神、道德规范，展示中华文明的精神标识和文化精髓，加快构建中国话语和中国叙事体系，主动宣介习近平新时代中国特色社会主义思想，主动讲好中国共产党治国理政的故事、中国人民奋斗圆梦的故事、中国坚持和平发展合作共赢的故事，传播好中国声音，展现可信、可爱、可敬的中国形象，让世界更好了解中国。加强国际传播能力建设，全面提升国际传播效能，形成同我国综合国力和国际地位相匹配的国际话语权，不断提升国家文化软实力和中华文化影响力。深化文明交流互鉴，推动中华文化更好走向世界。

2 二十四字要义

社会主义核心价值观的科学概括

社会主义核心价值观是凝聚人心、汇聚民力的强大力量。2006 年召开的党的十六届六中全会第一次提出建设社会主义核心价值体系的战略任务，并指出社会主义核心价值观是社会主义核心价值体系的内核。党的十八大对社会主义核心价值观作出了 24 字概括，即“倡导富强、民主、文明、和谐，倡导自由、平等、公正、法治，倡导爱国、敬业、诚信、友善”。

社会主义核心价值观体现了社会主义核心价值体系的根本性质和基本特征，反映了社会主义核心价值体系的丰富内涵和实践要求，是社会主义核心价值体系的高度凝练和集中表达。富强、民主、文明、和谐是国家层面的价值要求，自由、平等、公正、法治是社会层面的价值要求，爱国、敬业、诚信、友善是公民层面的价值要求。这一科学概括实际上回答了我们要建设什么样的国家、建设什么样的社会、培育什么样的公民的重大问题。社会主义核心价值观 24 字基本内容，突出了社会主义核心价值体系的核心要素，确立了当代中国最基本的价值观念，强化了实践导向，为培育和践行社会主义核心价值观提供了基本遵循。

社会主义核心价值观 24 字基本内容是新时代中国精神的集中体现，凝结着全体人民共同的价值追求，把涉及国家、社会、公民的价值要求融为一体，既体现了社会主义本质要求，继承了中华优秀传统文化，也吸收了世界文明有益成果，体现了时代精神。

社会主义核心价值观24字基本内容寄托着近代以来中国人民上下求索、历经千辛万苦确立的理想和信念，也承载着每个人的美好愿景。实现中华民族伟大复兴，是鸦片战争以来中国人民最伟大的梦想，是中华民族的最高利益和根本利益。建成富强民主文明和谐美丽的社会主义现代化强国，是我们的目标，也是我们的责任，是我们对中华民族的责任，是对前人的责任，也是对后人的责任。我们要保持战略定力和坚定信念，坚定不移走自己的路，朝着自己的目标前进。

社会主义核心价值观24字基本内容传承着中华优秀传统文化的基因。中华文明绵延5000多年，有其独特的价值体系。中华优秀传统文化植根中国人内心，潜移默化地影响着中国人的思维方式和行为方式。提倡和弘扬社会主义核心价值观，必须从中汲取丰富营养，否则社会主义文化就不会有生命力和影响力。我们生而为中国人，最根本的是我们有中国人的独特精神世界，有百姓日用而不觉的价值观。提倡社会主义核心价值观，充分体现了对中华优秀传统文化的传承和升华，让中华文化展现出永久魅力和时代风采。

培育和践行社会主义核心价值观，要坚持全民行动、干部带头，从家庭做起，从娃娃抓起。社会主义核心价值观的养成绝非一日之功，要坚持由易到难、由近及远，努力把社会主义核心价值观的要求变成日常的行为准则，进而形成自觉奉行的信念理念。不要顺利的时候，看山是山、看水是水，一遇挫折，就怀疑动摇，看山不是山、看水不是水了。无论什么时候，我们都要坚守在中国大地上形成和发展起来的社会主义核心价值观，奋进新征程，建功新时代。

3 三个事关

意识形态工作的极端重要性

意识形态是为国家立心、为民族立魂的工作。2013年8月19日，习近平总书记在全国宣传思想工作会议上指出，意识形态工作是党的一项极端重要的工作。能否做好意识形态工作，事关党的前途命运，事关国家长治久安，事关民族凝聚力和向心力。

事关党的前途命运。意识形态决定一个国家、一个政党的性质，决定举什么旗、走什么路这一根本问题。改革开放以后，党坚持物质文明和精神文明两手抓、两手硬，推动社会主义文化繁荣发展，振奋了民族精神，凝聚了民族力量。同时，拜金主义、享乐主义、极端个人主义和历史虚无主义等错误思潮不时出现，网络舆论乱象丛生，一些领导干部政治立场模糊、缺乏斗争精神，严重影响人们的思想和社会舆论环境。党的十八大以来，以习近平同志为核心的党中央高度重视意识形态工作，就许多方向性、战略性问题作出部署，从根本上扭转了一度出现的被动局面，宣传思想战线敢于斗争、敢于亮剑，理直气壮弘扬新风正气，坚决果断消除顽瘴痼疾，意识形态领域形势发生了全局性、根本性转变，全党全国各族人民文化自信明显增强，全社会凝聚力和向心力极大提升，为新时代开创党和国家事业新局面提供了坚强思想保证和强大精神力量。

事关国家长治久安。历史和现实表明，一个政权的瓦解往往是从思想领域开始的。思想防线被攻破了，其他防线就很难守住。在意识形态领域斗争中，我们没有任何妥协退让的余地，必须取得全胜。进入新时代以来，以习近平同志为核心的党中央着力解决意识形态领域党的领导弱化问题，立破并举、激浊扬清。确立和坚持马克思主义在意识形态领域指导地位的根本制度，健全意识形态工作责任制，推动全党动手抓宣传思想工作，守土有责、守土负责、守土尽责，敢抓敢管、敢于斗争，旗帜鲜明反对和抵制各种错误观点。从正本清源入手加强宣传思想工作，召开全国宣传思想工作会议，召开文艺工作座谈会、党的新闻舆论工作座谈会、网络安全和信息化工作座谈会、哲学社会科学工作座谈会和全国高校思想政治工作会议等，就一系列根本性问题阐明了原则立场，廓清了理论是非，校正了工作导向，思想文化领域向上向好态势不断发展。

事关民族凝聚力和向心力。宣传思想文化阵地，我们不去占领，人家就会去占领。必须高举马克思主义、中国特色社会主义伟大旗帜，巩固马克思主义在意识形态领域的指导地位，巩固全党全国各族人民团结奋斗的共同思想基础，建设具有强大凝聚力和引领力的社会主义意识形态，建设具有强大生命力和创造力的社会主义精神文明，建设具有强大感召力和影响力的中华文化软实力。网民在哪里，思想政治工作就应该推进到哪里，聚民心的工作就应该跟进到哪里。党中央明确提出，过不了互联网这一关，就过不了长期执政这一关。我们党高度重视互联网这个意识形态斗争的主阵地、主战场、最前沿，健全互联网领导和管理体制，坚持依法管网治网，营造清朗的网络空间。高度重视传播手段建设和创新，推动媒体融合发展，提高新闻舆论传播力、引导力、影响力、公信力。高度重视用党的创新理论武装全党、教育人民、指导实践，深化马克思主义理论研究和建设。

党的十八大以来，全党上下不断增强“四个意识”、坚定“四个自信”、做到“两个维护”，牢记“国之大者”，不断提高政治判断力、政治领悟力、政治执行力，党的创新理论深入人心，社会主义核心价值观广泛传播，中华优秀传统文化得到创造性转化、创新性发展，文化事业日益繁荣，网络生态持续向好。“三个事关”要求宣传思想战线的同志要当战士、不当绅士，不做“骑墙派”和“看风派”，不能搞爱惜羽毛那一套。要以战斗的姿态、战士的担当，积极投身宣传思想领域斗争一线。世界范围内社会主义和资本主义两种意识形态、两种社会制度的历史演进及其较量之所以会发生有利于社会主义的重大转变，关键就在于我们站在历史正确的一边，坚持意识形态斗争不妥协、不退让。没有斗争，就没有风清气正的新局面；没有斗争，就没有社会主义事业的大发展大繁荣。

4 三权并握

把意识形态工作的领导权、管理权、话语权牢牢掌握在手中

2013 年 8 月 19 日，习近平总书记在全国宣传思想工作会议上指出：“必须把意识形态工作的领导权、管理权、话语权牢牢掌握在手中，任何时候都不能旁落，否则就要犯无可挽回的历史性错误。”我们必须坚定维护国家意识形态安全，建设具有强大凝聚力和引领力的社会主义意识形态，牢牢掌握党对意识形态工作领导权，全面落实意识形态工作责任制，巩固壮大奋进新时代的主流思想舆论。

牢牢掌握领导权。党的十八大以来，我们高举中国特色社会主义伟大旗帜，坚持以习近平新时代中国特色社会主义思想为科学指引，巩固马克思主义在意识形态领域的指导地位，巩固全党全国人民团结奋斗的共同思想基础。强化政治责任，党对意识形态工作的领导全面加强；高扬思想旗帜，全党全国人民团结奋斗的主心骨更加坚定；弘扬时代强音，爱党爱国爱社会主义的主旋律高昂响亮；着眼凝聚人心，社会主义核心价值观的正能量充沛强劲；讲好中国故事，真实立体全面的中国形象鲜亮突出；敢于担当亮剑，意识形态领域向上向好态势不断巩固。

牢牢掌握管理权。我们必须始终坚持马克思主义在意识形态领域指导地位的根本制度。要深刻把握这一根本制度的本质规定和实践要求，切实把马克思主义指导地位贯穿到宣传思想工作各领域，切实把党的领导、党的意志、党的主张贯彻到具体工作之中，确保全党统一思想、统一意志、统一行动。坚持提高马克思主义新闻舆论传播力、引导力、影响力、公信力，坚持讲好中国故事、传播好中国声音。牢牢掌握管理权

必须全面落实意识形态工作责任制。推动各级党委（党组）增强维护意识形态安全的政治敏锐性，强化建设社会主义意识形态的政治担当，全面落实意识形态工作各项任务，守住管好各类意识形态阵地。对大是大非问题、政治原则问题敢抓敢管、敢于斗争，加强阵地建设和管理，注意区分政治原则问题、思想认识问题、学术观点问题，旗帜鲜明反对和抵制各种错误观点。对落实责任不力造成严重后果、影响恶劣的，该问责的问责。发挥好巡视利剑作用，抓好意识形态专项检查，不断提升意识形态工作的整体效能。

牢牢掌握话语权。党中央坚持以立为本、立破并举，推进社会主义意识形态建设，使全体人民在理想信念、价值理念、道德观念上紧紧团结在一起。健全用党的创新理论武装全党、教育人民工作体系，推动全党全社会深入学习领会、全面贯彻落实习近平新时代中国特色社会主义思想。紧扣实现民族复兴主题坚定信心、鼓舞斗志、汇聚力量，紧扣新时代党的历史任务统一思想、凝聚共识、鼓足干劲。投入更大力量、更多资源解决人民群众的急难愁盼问题，增强人民群众获得感、幸福感、安全感。加强传播手段和话语方式创新，让党的创新理论“飞入寻常百姓家”。加强全媒体传播体系建设，扎实抓好县级融媒体中心建设，塑造主流舆论新格局，更好引导群众、服务群众。旗帜鲜明坚持真理，立场坚定批驳谬误。

5 一场输不起的战争

网络意识形态安全

互联网是一把“双刃剑”，它引领了社会生产新变革，创造了人类生活新空间，拓展了国家治理新领域，同时也深刻改变着舆论生成方式和传播方式，给不同文化和价值观念交流交融交锋带来前所未有的影响。在新的历史条件下，互联网已经成为舆论斗争的主战场。在这个主战场上，我们能否顶得住、打得赢，直接关系到我国意识形态安全和政权安全。2016 年 2 月 19 日，习近平总书记在党的新闻舆论工作座谈会上强调:“过不了互联网这一关，就过不了长期执政这一关。”人在哪儿，宣传思想文化工作的重点就在哪儿。网络空间已经成为人们生产生活的新空间，它也应该成为我们党凝聚共识的新空间。

互联网是老百姓“接受信息”“传播信息”“发声表达”的主渠道。截至 2022 年 12 月，我国网民规模达 10.67 亿，互联网普及率达 75.6%，我国线上办公用户规模达 5.40 亿。随着新媒体快速发展，国际国内、线上线下、虚拟现实、体制外体制内等界限愈益模糊，构成了越来越复杂的大舆论场。互联网变成了社会舆论的放大器，更具有自发性、突发性、公开性、多元性、冲突性、匿名性、无界性、难控性等特点。意识形态领域许多新情况新问题往往因网而生、因网而增，许多错误思潮也都以网络为温床生成发酵，“茶杯里的小风波”可能演变成“影响社会稳定的大风暴”。

网络意识形态安全事关重大。互联网是一个没有硝烟的战场，直接关系到我们党能否长期执政。历史和现实反复证明，搞乱一个社会、颠覆一个政权，往往先从意识形态领域打开缺口，先从搞乱人们的思想入手。西方反华势力一直妄图利用互联网这个最大变量来“扳倒中国”。一些西方政客直言不讳地宣称，“有了互联网，对付中国就有了办法”，“社会主义国家投入西方怀抱，将从互联网开始”。在香港修例风波、中美经贸摩擦、新冠疫情防控等问题上，西方国家利用网络混淆是非、颠倒黑白、上下其手，企图抹黑中国、扰乱人心。

只有坚持正能量是总要求、管得住是硬道理、用得好是真本事，切实维护网络安全，提高互联网建设管理运用水平，才能把互联网这个最大变量变成事业发展的最大增量。经过新时代 10 余年的努力，网络生态持续向好，但形势依然复杂，必须进一步健全网络综合治理体系，推动形成良好网络生态，过好互联网这一关。

过好互联网这一关，必须壮大主流舆论阵地。理直气壮唱响网上主旋律，巩固壮大主流思想舆论，是掌握互联网战场主动权的重中之重。

要坚持党管网络、党管新媒体，落实“两个所有”要求，即所有从事新闻信息服务、具有媒体属性和舆论动员功能的传播平台都要纳入管理范围，所有新闻信息服务和相关业务从业人员都要实行准入管理，统一导向、统一标准、统一尺度，推动形成清朗的网络空间。做强网上正面宣传，加强互联网内容建设，深入开展网上舆论斗争，用习近平新时代中国特色社会主义思想团结、凝聚亿万网民，构建网上网下同心圆。

过好互联网这一关，必须加强网络空间治理。网络空间是亿万人民共同的精神家园。网络空间天朗气清、生态良好，符合人民利益；网络空间乌烟瘴气、生态恶化，不符合人民利益。网络空间是虚拟的，但运用网络空间的主体是现实的，网络空间不是“法外之地”。要推动依法管网、依法办网、依法上网，提高网络综合治理能力，形成党委领导、政府管理、企业履责、社会监督、网民自律等多主体参与，经济、法律、技术等多种手段相结合的综合治网格局。加强网络伦理、网络文明建设，发挥道德教化引导作用，用人类文明优秀成果滋养网络空间、净化网络生态。

过好互联网这一关，必须全面净化网络生态。推动我国网信事业发展，必须坚持以人民为中心的发展思想，让互联网更好造福人民。本着对社会负责、对人民负责的态度，依法加强网络空间治理，加强网络内容建设，做强网上正面宣传，培育积极健康、向上向善的网络文化，建设网络良好生态，发挥网络引导舆论、反映民意的作用，为广大网民特别是青少年营造一个风清气正的网络空间。牢牢掌握舆论场主动权和主导权，用主流价值导向驾驭“算法”，全面提高舆论引导能力，使网络正能量更强劲、主旋律更高昂。

过好互联网这一关，必须推动媒体融合向纵深发展。当前，全媒体不断发展，出现了全程媒体、全息媒体、全员媒体、全效媒体。有人说，以前是“人找信息”，现在是“信息找人”。做好媒体融合这篇大文章，要统筹处理好传统媒体和新兴媒体的关系，加快构建融为一体、合而为一的全媒体传播格局，尽快从相加阶段迈向相融阶段，从“你是你、我是我”变成“你中有我、我中有你”，进而变成“你就是我、我就是你”。坚持一体化发展方向，实现各种媒介资源、生产要素有效整合，实现信息内容、技术应用、平台终端、管理手段共融互通，打造一批具有强大影响力、竞争力的新型主流媒体，要形成资源集约、结构合理、差异发展、协同高效的全媒体传播体系，牢牢占据舆论引导、思想引领、文化传承、服务人民的传播制高点。

过好互联网这一关，必须重视核心技术。互联网核心技术是我们最大的“命门”，核心技术受制于人是我们最大的隐患。对互联网行业来说，企业即便规模再大、市值再高，如果核心元器件严重依赖外国，供应链的“命门”掌握在别人手里，我们就会受制于人，不利于长久发展。近年来，我国互联网在一些关键技术领域取得了重大突破，在某些方面初步构筑起了优势，但也有不少短板和软肋。比如，信息产业“缺芯”“少魂”，高端制造业遭遇“芯片”难题。过好互联网这一关，必须“闯关夺隘”，启动“国家技术攻关工程”，扭住基础技术、通用技术、非对称技术、“杀手锏”技术、前沿技术、颠覆性技术，争取在某些领域、某些方面实现“弯道超车”，尽快在互联网核心技术上取得突破。

6 三大体系构建

中国特色哲学社会科学重在构建学科体系、学术体系、话语体系

2016 年 5 月，习近平总书记在哲学社会科学工作座谈会上强调，“构建具有自身特质的学科体系、学术体系、话语体系”。2022 年 4 月 25 日，习近平总书记在中国人民大学考察时指出：“加快构建中国特色哲学社会科学，归根结底是建构中国自主的知识体系。”党的二十大报告再次强调：“深入实施马克思主义理论研究和建设工程，加快构建中国特色哲学社会科学学科体系、学术体系、话语体系，培育壮大哲学社会科学人才队伍。”

哲学社会科学的繁荣发展是一个国家实力的象征、文化自信的体现、文明张力的展现。坚持和发展中国特色社会主义必须高度重视哲学社会科学，我们的哲学社会科学有没有中国特色，归根到底要看有没有主体性、原创性。党的十八大以来，马克思主义的学科体系、学术体系、话语体系建设明显增强，马克思主义被边缘化、空泛化、标签化的问题得到了根本扭转，马克思主义在一些学科中“失语”、教材中“失踪”、论坛上“失声”的状况已经根本改观。但是当前我国的哲学社会科学发展，与中华文明的影响力不相称，与社会主义发展需要不相称，与中国式现代化地位不相称，与开创人类文明新形态的要求不相称，我们要建立具有中国特色、中国风格、中国气派的学科体系、学术体系、话语体系，为人类文明新形态实践提供有力理论支撑，着力提出能够体现中国立场、中国智慧、中国价值的理念、主张和方案，让世界知道“学术中的中国”“理论中的中国”“哲学社会科学中的中国”，让世界知道“发展中的中国”“开放中的中国”“为人类文明作贡献的中国”。

建构中国特色哲学社会科学，重在构建学科体系、学术体系、话语体系，这是回答好中国之问、世界之问、人民之问、时代之问的需要，是让世界更好读懂中国的需要，是使中国特色哲学社会科学真正屹立于世界学术之林的需要。

“构建三大体系”必须坚持马克思主义的指导地位、坚持以人民为中心的研究导向。习近平总书记指出:“马克思主义始终是我们党和国家的指导思想，是我们认识世界、把握规律、追求真理、改造世界的强大思想武器。”马克思主义是构建中国特色哲学社会科学的灵魂与方向，习近平新时代中国特色社会主义思想是马克思主义中国化时代化最新成果，是当代中国马克思主义、21世纪马克思主义。我们必须自觉把习近平新时代中国特色社会主义思想贯穿“三大体系”与自主的知识体系建设的各环节，深刻领会并运用马克思主义立场观点方法，坚持理论和实践相贯通，推动党的创新理论进论文、进专著、进教材、进课堂、进头脑，哲学社会科学工作者必须坚持清醒的理论自觉、坚定的政治信念、科学的思维方法。习近平总书记指出：“为什么人的问题是哲学社会科学研究的根本性、原则性问题。”从事哲学社会科学研究与教学的工作者，必然为人民发现真理、为人民传播真理、为人民教书育人著书立说。

近年来，我国哲学社会科学“三大体系”建设取得积极进展。同时也应看到，目前我国哲学社会科学仍存在知识分散化、碎片化的突出问题，具有原创性、时代性的哲学社会科学成果不多，系统性、专业性研究有待强化。构建中国特色哲学社会科学学科体系、学术体系、话语体系，必须立足中国、借鉴国外，挖掘历史、把握当代，关怀人类、面向未来，充分体现继承性、民族性、主体性、原创性、时代性。坚持古为今用、洋为中用，注重从当代中国鲜活生动的社会实践中汲取学术滋养、推动学术创新，提炼具有原创性、标识性、解释力的新概念、新范畴、新表述，让世界更好读懂中国需求、更好理解中国文化、更加清晰认知中华文明。

广大哲学社会科学工作者，必须紧紧围绕坚持和发展中国特色社会主义，坚持马克思主义指导地位，贯彻“百花齐放、百家争鸣”方针，坚持为人民做学问理念，以研究我国改革发展稳定重大理论和实践问题为主攻方向，立时代之潮头，通古今之变化，发思想之先声，繁荣中国学术，发展中国理论，传播中国思想。习近平总书记强调：“在解读中国实践、构建中国理论上，我们应该最有发言权，但实际上我国哲学社会科学在国际上的声音还比较小，还处于有理说不出、说了传不开的境地。”广大哲学社会科学工作者要努力为发展当代中国马克思主义、21世纪马克思主义，构建中国特色哲学社会科学学科体系、学术体系、话语体系、自主的知识体系，增强我国哲学社会科学国际影响力作出新的更大的贡献。

7 三大道德建设目标

明大德、守公德、严私德

人无德不立，官无德不为。明大德、守公德、严私德，既是新时代公民道德建设的三大目标，也是新时代领导干部政德建设的三大目标。

2014 年 5 月 4 日，习近平总书记在北京大学与师生座谈时提出，青年要自觉践行社会主义核心价值观，“一个人只有明大德、守公德、严私德，其才方能用得其所”。在新时代，明大德、守公德、严私德是坚持以社会主义核心价值观为引领，推进加强公民道德建设的三大道德目标。

明大德，就是要具有共产主义远大理想与中国特色社会主义共同理想，立志报效祖国、服务人民，为实现中华民族伟大复兴的中国梦而奋斗。养大德者方可成大业。明大德要爱国，忠于祖国，忠于人民。作为中华儿女，要了解中华民族历史，秉承中华文化基因，有民族自豪感和文化自信心。要时时想到国家，处处想到人民，做到“利于国者爱之，害于国者恶之”。

守公德，就是要践行以文明礼貌、助人为乐、爱护公物、保护环境、遵纪守法为主要内容的社会公德。做一个好公民，就是要践行以爱岗敬业、诚实守信、办事公道、热情服务、奉献社会为主要内容的职业道德，在工作中做一个有担当的建设者。

严私德，就是践行以尊老爱幼、男女平等、夫妻和睦、勤俭持家、邻里团结互助为主要内容的家庭美德，鼓励人们在家庭里做一个好成员，践行以爱国奉献、明礼遵规、勤劳善良、宽厚正直、自强自律为主要内容的个人品德，鼓励人们在日常生活中养成好品行。严私德，要学会劳动、学会勤俭，学会感恩、学会助人，学会谦让、学会宽容，学会自省、学会自律，要倡导忠诚、责任、亲情、学习、公益的理念，推动人们在为家庭谋幸福、为他人送温暖、为社会作贡献的过程中提高精神境界、培育文明风尚。

2018 年 3 月 10 日，习近平总书记在参加十三届全国人大一次会议重庆代表团审议时强调指出，领导干部要讲政德，政德是整个社会道德建设的风向标。立政德，就是要明大德、守公德、严私德。对领导干部来说，明大德，就是要铸牢理想信念、锤炼坚强党性，在大是大非面前旗帜鲜明，在风浪考验面前无所畏惧，在各种诱惑面前立场坚定，这是领导干部首先要修好的“大德”。守公德，就是要强化宗旨意识，全心全意为人民服务，恪守立党为公、执政为民理念，自觉践行人民对美好生活的向往就是我们的奋斗目标的承诺，做到心底无私天地宽。严私德，就是要严格约束自己的操守和行为。所有党员干部都要戒贪止欲、克己奉公，切实把人民赋予的权力用来造福于人民。要把家风建设摆在重要位置，廉洁修身，廉洁齐家，防止“枕边风”成为贪腐的导火索，防止子女打着自己的旗号非法牟利，防止身边人把自己“拉下水”。

明大德、守公德、严私德，要加强道德修养，注重道德实践，既要立意高远，又要立足平实，多积尺寸之功。小事小节是一面镜子，小事小节中有党性、有原则、有人格。牢记“堤溃蚁孔，气泄针芒”的古训，坚持从小事小节上加强修养，从一点一滴中完善自己，严以修身，正心明道，防微杜渐，时刻保持人民公仆本色。慎独慎初慎微慎欲，培养和强化自我约束、自我控制的意识和能力，做到“心不动于微利之诱，目不眩于五色之惑”。管好自己的生活圈、交往圈、娱乐圈，在私底下、无人时、细微处更要如履薄冰、如临深渊，始终不放纵、不越轨、不逾矩，增强拒腐防变的免疫力。

八

团结带领人民创造更加美好幸福生活

八 团结带领人民创造更加美好幸福生活

- 一个奋斗目标：人民对美好生活的向往
- 三感：使人民获得感、幸福感、安全感更加充实、更有保障、更可持续
- 七有：人民群众最关心最直接最现实的利益问题
  - 幼有所育
  - 学有所教
  - 劳有所得
  - 病有所医
  - 老有所养
  - 住有所居
  - 弱有所扶
- 三次分配：破解两极分化、实现共同富裕的路径
  - 初次分配
  - 再分配
  - 第三次分配
- 三个第一：科技是第一生产力、人才是第一资源、创新是第一动力
- 一个根本问题：培养什么人、怎样培养人、为谁培养人的根本问题

1 一个奋斗目标

人民对美好生活的向往

2012 年 11 月，习近平总书记在人民大会堂同中外记者见面时向全党全国人民郑重宣告:“人民对美好生活的向往，就是我们的奋斗目标。”在党的二十大报告中，习近平总书记再次强调，必须坚持在发展中保障和改善民生，鼓励共同奋斗创造美好生活，不断实现人民对美好生活的向往。

中国共产党的初心使命是为人民谋幸福、为民族谋复兴。新民主主义革命时期，中国共产党团结带领人民浴血奋战，推翻了帝国主义、封建主义、官僚资本主义“三座大山”，建立了人民当家作主的中华人民共和国。新中国成立后，我们又进行社会主义革命，确立起社会主义基本制度，积极推进社会主义建设，实现了中华民族有史以来最为广泛最为深刻的社会变革，实现了一穷二白、人口众多的东方大国大步迈进社会主义社会的伟大飞跃。改革开放后，中国共产党努力解决人民日益增长的物质文化生活需要同落后的社会生产之间的矛盾，团结带领全国各族人民实现了从温饱不足到总体小康、奔向全面小康的历史性跨越，推进了中华民族从站起来到富起来的伟大飞跃。在新时代，以习近平同志为核心的党中央提出以人民为中心的发展思想，坚持人民至上的根本立场，强调：“江山就是人民，人民就是江山，打江山、守江山，守的是人民的心。”纵观历史，我们党干革命、搞建设、抓改革，都是为人民谋利益，让人民过上好日子。党领导人民打土豪、分田地，是为人民根本利益而斗争；领导人民开展抗日战争、赶走日本侵略者，是为人民根本利益而斗争；领导人民推翻“三座大山”、建立新中国，是为人民根本利益而斗争；领导人民开展社会主义革命和建设、改变一穷二白的国家面貌，是为人民根本利益而斗争；领导人民实行改革开放、推进社会主义现代化、实现中华民族伟大复兴，同样是为人民根本利益而斗争。中国共产党根基在人民、血脉在人民、力量在人民。中国共产党始终代表最广大人民根本利益，与人民休戚与共、生死相依，没有任何自己特殊的利益，从来不代表任何利益集团、任何权势团体、任何特权阶层的利益。不谋私利才能谋根本、谋大利，才能从党的性质和根本宗旨出发，从人民根本利益出发，全心全意为人民服务。

新时代以来，党中央积极推进精准扶贫战略，历史性地解决了绝对贫困问题，创造了人类减贫史上的奇迹，实现了全面建成小康社会的伟大目标，开启了全面建设社会主义现代化国家新征程。在新时代，党中央作出了我国社会主要矛盾已经转化为人民日益增长的美好生活需要和不平衡不充分的发展之间的矛盾的重大判断。我国社会主要矛盾的变化是关系全局的历史性变化，尤其是人民对美好生活的向往，对党和国家的工作提出了许多新的要求。人民对美好生活的需要日益广泛，不仅在物质文化生活方面提出了更高要求，而且在民主、法治、公平、正义、安全、环境等方面的要求日益增长。我们要永远保持共产党人的奋斗精神，永远保持对人民的赤子之心，始终把人民利益摆在至高无上的地位，始终同人民想在一起、干在一起，有盐同咸、无盐同淡，努力为人民创造更美好、更幸福的生活。

时代是出卷人，我们是答卷人，人民是阅卷人。人民是我们党的工作的最高裁决者和最终评判者。党的执政水平和执政成效都不是由自己说了算，必须而且只能由人民来评判，最终都要看人民是否真正得到了实惠，人民生活是否真正得到了改善，人民权益是否真正得到了保障。在新时代，我们面临的挑战和问题依然严峻复杂，党面临的“赶考”远未结束。要坚持把人民拥护不拥护、赞成不赞成、高兴不高兴、答应不答应作为衡量一切工作得失的根本标准，努力向历史、向人民交出新的更加优异的答卷。

2 三感

使人民获得感、幸福感、安全感更加充实、更有保障、更可持续

习近平总书记在党的十九大报告中提出，提高保障和改善民生水平，要加强和创新社会治理。民心是最大的政治。习近平总书记强调，要抓住人民最关心最直接最现实的利益问题，既尽力而为，又量力而行，一件事情接着一件事情办，一年接着一年干。坚持人人尽责、人人享有，坚守底线、突出重点、完善制度、引导预期，完善公共服务体系，保障群众基本生活，不断满足人民日益增长的美好生活需要，不断促进社会公平正义，形成有效的社会治理、良好的社会秩序，使人民获得感、幸福感、安全感更加充实、更有保障、更可持续。

为了使人民获得感、幸福感、安全感更加充实、更有保障、更可持续，党的十九大部署了 7 项重要工作，即优先发展教育事业、提高就业质量和人民收入水平、加强社会保障体系建设、坚决打赢脱贫攻坚战、实施健康中国战略、打造共建共治共享的社会治理格局、有效维护国家安全。在党的十九届一中全会上，习近平总书记强调要重点抓好 6 个方面工作，其中之一就是全面落实以人民为中心的发展思想，不断提高保障和改善民生水平。为了“增进民生福祉，提高人民生活品质”，党的二十大报告部署了 4 项重要工作，即完善分配制度、实施就业优先战略、健全社会保障体系、推进健康中国建设。

党的十八大以来，以习近平同志为核心的党中央高度重视保障和

改善民生，建成世界上规模最大的教育体系、社会保障体系、医疗卫生体系，为提高人民生活品质，使人民的获得感、幸福感、安全感更加充实、更有保障、更可持续，奠定了坚实的基础。不论是增加低收入者收入，还是完善劳动者权益保障制度，或是完善基本养老保险全国统筹制度，又或是促进优质医疗资源扩容和区域均衡布局，每一桩每一件都是从人民最关心最直接最现实的利益出发，帮群众解难题、为群众增福祉、让群众享公平。

习近平总书记指出，为什么人的问题，是检验一个政党、一个政权性质的试金石。必须始终把人民利益摆在至高无上的地位，让改革发展成果更多更公平惠及全体人民，朝着实现全体人民共同富裕不断迈进。新时代新征程，一定要牢固树立以人民为中心的发展思想，常怀忧民、爱民、惠民之心，采取针对性更强、覆盖面更大、作用更直接、效果更明显的举措，解决好同老百姓生活息息相关的教育、就业、养老、医疗卫生、社会保障、住房市场调控、食品安全、安全生产、社会治安等民生问题，使人民获得感、幸福感、安全感更加充实、更有保障、更可持续。

3 七有

人民群众最关心最直接最现实的利益问题

党的二十大报告在总结过去 10 年工作时指出，我们深入贯彻以人民为中心的发展思想，在幼有所育、学有所教、劳有所得、病有所医、老有所养、住有所居、弱有所扶上持续用力，人民生活全方位改善。人均预期寿命增长到 78.2 岁。居民人均可支配收入从 1.65 万元增加到 3.51 万元。城镇新增就业年均 1300 万人以上。建成世界上规模最大的教育体系、社会保障体系、医疗卫生体系，教育普及水平实现历史性跨越，基本养老保险覆盖 10.4 亿人，基本医疗保险参保率稳定在 95%。及时调整生育政策。改造棚户区住房 4200 多万套，改造农村危房 2400 多万户，城乡居民住房条件明显改善。

“幼有所育”作为第一个民生事业提出，凸显了其重要性。2014 年 5 月 4 日，习近平总书记在北京大学师生座谈会上指出，“人生的扣子从一开始就要扣好”，强调要把培育和践行社会主义核心价值观融入教书育人全过程。作为人生“扣子”起始的学前教育，关系着每个孩子教育的开端，更是迈入教育强国新征程的重要起点，其监管、引导和规范尤为重要。“学有所教”就是要全面贯彻党的教育方针，落实立德树人根本任务，优先发展教育，促进教育公平，培养德智体美劳全面发展的社会主义建设者和接班人。“劳有所得”，一方面是规范和协调劳动关系，完善和落实国家对农民工的政策，依法维护劳动者的权益；另一方面，有“劳”才有“得”，就是要促进就业，合理分配收入。“病有所医”，就是要促进多层次医疗保障有序衔接，完善大病保险和医疗救助制度，积极发展商业医疗保险。养老是世界性难题。一般来说，“老有所养”，就是要满足老年人衣食住行的需要，为老年人继续生存下去提供物质保障。住房是体现居住权的核心产品。从世界各国的经验来看，做到人人有房产也是不现实的，但是必须保证“住有所居”，这一点政府责无旁贷。“弱有所扶”，意味着全社会将投入更大力量帮助弱势群体，让改革发展成果更多更公平地惠及全体人民。

习近平总书记多次强调，要做好普惠性、基础性、兜底性民生建设，健全基本公共服务体系，全面提高公共服务共建能力和共享水平。党的十九届五中全会提出，“十四五”时期基本公共服务均等化水平明显提高；到 2035 年，基本公共服务实现均等化。为贯彻落实党中央、国务院关于推进基本公共服务均等化的决策部署，按照中央办公厅、国务院办公厅印发的《关于建立健全基本公共服务标准体系的指导意见》要求，国家发改委同教育部、卫生健康委等 20 个部门，共同研究起草了《国家基本公共服务标准（2021 年版）》（以下简称《国家标准 2021》），明确了现阶段国家提供基本公共服务项目的基础标准，报经国务院批准后，作为各级政府履行基本公共服务职责和人民享有相应权利的依据，以标准化推动基本公共服务均等化。《国家标准 2021》包含“幼有所育、学有所教、劳有所得、病有所医、老有所养、住有所居、弱有所扶、优军服务保障、文体服务保障”9个方面、22大类、80个服务项目。

《国家标准2021》中每个项目均明确了服务对象、服务内容、服务标准、支出责任、牵头负责单位等。其中，服务对象是指各项目所面向的受众人群；服务内容则是政府必须提供、群众依法享有的具体服务内容；服务标准是指各项服务目前的保障水平、覆盖范围、实现程度等；支出责任是指各项目的筹资主体及承担责任；牵头负责单位是指国家层面的主要负责单位，具体落实则由地方各级人民政府及有关部门、单位按职责分工负责。

新时代新征程，不断满足人民群众日益增长的美好生活需要，幼有所育、学有所教、劳有所得、病有所医、老有所养、住有所居、弱有所扶正在朝着幼有善育、学有优教、劳有厚得、病有良医、老有颐养、住有宜居、弱有众扶方向发展，逐步实现从“有没有”向“好不好”的提升。

4 三次分配

破解两极分化、实现共同富裕的路径

习近平总书记在党的二十大报告中提出，要“构建初次分配、再分配、第三次分配协调配套的制度体系”，“引导、支持有意愿有能力的企业、社会组织和个人积极参与公益慈善事业”。

第三次分配有别于初次分配和再分配，主要是指企业、社会组织、家庭和个人等基于自愿原则，以募集、捐赠、资助、义工等慈善、公益方式对所属资源和财富进行分配。第三次分配的基本原则是自愿基础上的社会共济。社会组织和社会力量是第三次分配的中坚力量。发挥好第三次分配作用，引导、支持有意愿有能力的企业、社会组织和个人积极参与公益慈善事业，有利于改善收入分配格局、促进社会和谐。

首先，在动力机制上，第一次分配是基于市场机制的利益分配，第二次分配是基于行政机制的强制性调节，第三次分配是基于社会机制的爱心驱动。慈善是以捐赠财物或者提供服务等方式自愿开展的公益活动，是第三次分配的主要形式。

其次，在分配目标上，第一次分配是为了利用市场的激励机制有效配置资源，提高资源使用效率。第二次分配是为了有效提供基本公共服务，促进平衡发展与社会公平。第三次分配则是为了解决社会问题、促进社会主义精神文明的建设。

再次，在分配主体上，第一次分配是市场参与的各要素主体，第二次分配是政府，而第三次分配是社会力量，包括企业、社会组织和个人等。但是，第三次分配和慈善事业的发展离不开党的领导和政府的政策扶持与监督管理。

最后，在分配客体上，第一次、第二次分配主要以财产分配为主，第三次分配则不仅包括社会力量捐赠的财产，也包括社会力量所提供的志愿服务，通过奉献时间、技能或专业知识，为弱势群体提供所需要的服务，提升弱势群体物质与精神层面的获得感与幸福感。这也是第三次分配区别于第一次、第二次分配的重要内容。

在初次分配和再分配基础之上，切实做好第三次分配，有助于分配正义的充分实现。当人与人之间收入差距和贫富差别加大或社会公平出现严重失衡时，分配正义就会成为人们关注的焦点。市场机制所产生的财富分配不公平问题，依靠市场自发演进的分配机制和政府的调节分配机制不可能得到圆满解决。即使是在市场功能和政府功能都得到相对充分发挥的社会条件下，其财富分配结果依然与人们对分配正义的价值追求存在不一致的情形。改善弱势群体的生活状况关乎社会公平正义，而分配正义是构成社会公平正义的核心维度。通过第三次分配，逐步改变社会成员收入水平失衡的状态，既是分配正义的内在要求，也是充分实现分配正义的有效方式。

第三次分配具有较强烈的道德色彩。第三次分配的道德理念和价值追求如果被更多的社会成员所接受并付诸实施，将会引发相互关联的两方面的道德变化：首先，越来越多的社会成员自发地、自愿地、自觉地通过慈善事业和志愿服务等方式，为达成包括物质生活和精神生活二者共同富裕的目标共同奋斗；其次，由于第三次分配在全社会得到更多人的响应，诸多人的道德行为汇聚成良善助人的强大道德力量，社会道德风尚就必然能够得到改善。在一定意义上，每一个具体的帮助他人的行动，不仅增加了受助方的获得感、幸福感和安全感，同时也增强了帮助者的价值感、成就感和有意义感。日常生活中“赠人玫瑰，手有余香”“滴水之恩，涌泉相报”等话语，展示了帮助者和受助方之间美好的伦理关系，第三次分配为帮助者和受助方提供了相互沟通的桥梁与渠道，推动着关怀、互惠和友善的道德风尚在社会生活中逐渐蔓延开来。

第三次分配是完善我国收入和财富调节、促进全体人民共同富裕的重要手段，是我国社会主义精神文明建设的重要方式，是第一次分配和第二次分配的重要补充。发挥慈善与第三次分配的作用还有助于保持社会活力，提升国家创新力和竞争力。因此，需要逐步完善相关法规，加大政策扶持力度，不断扩大我国慈善捐赠的规模，完善慈善捐赠的结构，从而不断推进第三次分配发挥更大作用。

5 三个第一

科技是第一生产力、人才是第一资源、创新是第一动力

习近平总书记在党的二十大报告中强调，“教育、科技、人才是全面建设社会主义现代化国家的基础性、战略性支撑。必须坚持科技是第一生产力、人才是第一资源、创新是第一动力，深入实施科教兴国战略、人才强国战略、创新驱动发展战略，开辟发展新领域新赛道，不断塑造发展新动能新优势”，同时，坚持教育优先发展、科技自立自强、人才引领驱动，加快建设教育强国、科技强国、人才强国。

党的二十大报告首次将“教育、科技、人才”的作用同时提出，一体表述为全面建设社会主义现代化国家的基础性、战略性支撑，既体现了新一届中央领导集体对全面建设社会主义现代化国家的任务之艰巨、需要三方面支撑协同发力的清醒认识，也反映了中国走独立自主、自立自强的教育强国、科技强国、人才强国之路，创造人类文明新形态的信心和决心。

在现代化建设过程中，中国共产党不断深化认识经济社会发展规律，曾先后提出“科技是第一生产力”“人才是第一资源”“创新是第一动力”的科学论断，并成功指导中国改革开放、全面建成小康社会以及新时代中国特色社会主义的具体实践，带领中国人民用几十年的时间完成了发达国家用几百年时间才完成的工业化进程，迎来了中华民族从站起来、富起来到强起来的伟大飞跃。党的二十大报告提出坚持“三个第一”的观点，体现了中国共产党的系统思维与整体布局，是在对中国特色社会主义发展规律的正确认识基础之上，对教育、科技、人才三者关系的辩证把握。

科技自立自强是国家强盛之基、安全之要。近年来，我国在基础前沿、战略高技术、民生科技等领域取得一批重大科技成果，体现着我国科技实力正在从量的积累迈向质的飞跃、从点的突破迈向系统能力提升。这启示我们：跟踪模仿不会有出路，唯有创新才能自强、才能争先。坚定不移走自主创新道路，是把发展主动权牢牢掌握在自己手中的必由之路。

教育是民族振兴、社会进步的重要基石。从过去的“有学上”到现在的“上好学”，从“学有所教”到“学有优教”，基础教育实现跨越式发展；越来越多的大国工匠在国际赛场争金夺银，职业技术教育为社会输送大量高素质技能人才；持续培养高素质专业人才，高等教育为国家重大战略实施提供强大智力支撑。教育与国家事业发展同频共振，日益成为支撑、引领经济社会发展的关键力量。

科教兴国，归根结底要关注人的问题。教育、科技、人才是相互作用的有机整体。一方面，吸引人才、培育人才，形成更加合理的人才结构和培养体系，有助于支撑我国建设高质量教育体系、实现高水平科技自立自强。另一方面，从需求侧看，科技进步靠人才；从供给侧看，人才培养靠教育。唯有坚持长远眼光，全面提高教育质量，才能不断培育创新人才，真正实现人尽其才、才尽其用、用有所成。

正确领悟和落实“科技是第一生产力、人才是第一资源、创新是第一动力”，需要重点做好以下工作。

办好人民满意的教育。坚持以人民为中心发展教育，加快建设高质量教育体系，发展素质教育，促进教育公平。加快义务教育优质均衡发展和城乡一体化，优化区域教育资源配置，强化学前教育、特殊教育普惠发展，坚持高中阶段学校多样化发展，完善覆盖全学段学生资助体系。推进教育数字化，建设全民终身学习的学习型社会、学习型国家。

完善科技创新体系。坚持创新在我国现代化建设全局中的核心地位。完善党中央对科技工作统一领导的体制，健全新型举国体制，强化国家战略科技力量，优化配置创新资源，提升国家创新体系整体效能。扩大国际科技交流合作，加强国际化科研环境建设，形成具有全球竞争力的开放创新生态。加快实施创新驱动发展战略。为此，要以国家战略需求为导向，集聚力量进行原创性、引领性科技攻关，坚决打赢关键核心技术攻坚战。加快实施一批具有战略性、全局性、前瞻性的国家重大科技项目，增强自主创新能力。营造有利于科技型中小微企业成长的良好环境，推动创新链产业链资金链人才链等深度融合。

深入实施人才强国战略。坚持尊重劳动、尊重知识、尊重人才、尊重创造，实施更加积极、更加开放、更加有效的人才政策。着力形成人才国际竞争的比较优势。加快建设国家战略人才力量。深化人才发展体制机制改革，把各方面优秀人才集聚到党和人民事业中来。

6 一个根本问题

培养什么人、怎样培养人、为谁培养人的根本问题

2018年9月，习近平总书记在全国教育大会上明确提出“培养什么人、怎样培养人、为谁培养人”的根本问题。习近平总书记在党的二十大报告中强调：“教育是国之大计、党之大计。培养什么人、怎样培养人、为谁培养人是教育的根本问题。育人的根本在于立德。全面贯彻党的教育方针，落实立德树人根本任务，培养德智体美劳全面发展的社会主义建设者和接班人。”这是马克思主义立场观点方法在人才培养中的具体体现，是以习近平同志为核心的党中央对新时代教育事业的总体战略部署。

培养什么人、怎样培养人、为谁培养人这一教育的根本问题，关乎党和人民事业发展的根本。党的教育方针百年薪火相传，在新民主主义革命时期、社会主义革命和建设时期、改革开放和社会主义现代化建设新时期、中国特色社会主义新时代，我们党始终聚焦培养什么人、怎样培养人、为谁培养人这个根本问题，为人民办教育，办人民满意的教育。党的十八大以来，以习近平同志为核心的党中央立足新时代社会主义现代化建设大局，坚持把服务中华民族伟大复兴作为教育的重要使命，把培养德智体美劳全面发展的社会主义建设者和接班人作为教育的根本任务，努力培养拥护中国共产党领导和我国社会主义制度、立志为中国特色社会主义事业而奋斗、勇于担当民族复兴大任的时代新人。党的二十大报告围绕这一根本问题作出的深刻阐释，充分显示了党的教育方针的与时俱进，成为指引人民教育事业在新时代新征程上勇毅前行的光辉灯塔。

党的二十大报告从“培养什么人、怎样培养人、为谁培养人是教育的根本问题”出发，将“办好人民满意的教育”的系列部署置于新时代

实施科教兴国战略、强化现代化建设人才支撑的全局谋划之中，强调育人的根本在于立德，全面贯彻党的教育方针，落实立德树人根本任务。在政策导向上，坚持以人民为中心发展教育，以加快建设高质量教育体系、发展素质教育、促进教育公平为主线，把立德树人融入思想道德教育、文化知识教育、社会实践教育各个环节，贯穿于加快义务教育优质均衡发展和城乡一体化，强化学前教育、特殊教育普惠发展，坚持高中阶段学校多样化发展，统筹职业教育、高等教育、继续教育协同创新等各方面，在深化教育领域综合改革、培养高素质教师队伍、弘扬尊师重教社会风尚等方面不断开拓前进。

培养什么人、怎样培养人、为谁培养人这一教育的根本问题，事关中国特色社会主义事业后继有人的全局。教育是国之大计、党之大计，坚定社会主义教育方向，事关实现中华民族伟大复兴中国梦的伟业，全党全社会应在坚持为党育人、为国育才上凝聚强大合力。当前，要建立健全德智体美劳“五育并举”全面培养的教育体系，发挥学校教书育人主阵地的作用，把全员、全程、全方位“三全育人”落实到位。习近平总书记明确指出：“办好教育事业，家庭、学校、政府、社会都有责任。”家庭是人发育、成长、生存的首要基地，学校是传承文化、培养人才的主要平台，社会是人谋生发展、相互交往的基本环境，三者构成促进人的全面发展的基础链环。党的二十大报告明确强调，要“健全学校家庭社会育人机制”，就是要求学校、家庭、社会等各方加强沟通、密切合作、协调行动，以良好的学校环境、家庭氛围、社会风气巩固立德树人成果，帮助所有儿童青少年健康成长，努力成为全面建设社会主义现代化国家的有用之才、栋梁之才。

习近平总书记强调：“我国是中国共产党领导的社会主义国家，这就决定了我们的教育必须把培养社会主义建设者和接班人作为根本任务，培养一代又一代拥护中国共产党领导和我国社会主义制度、立志为中国特色社会主义奋斗终身的有用人才。”只有全面贯彻党的教育方针，落实立德树人根本任务，坚持为党育人、为国育才，不断培养德智体美劳全面发展的社会主义建设者和接班人，才能让党和国家事业兴旺发达、后继有人，才能推进伟大事业、实现伟大梦想。

九

坚持和促进人与自然和谐共生

九　坚持和促进人与自然和谐共生

- “两山”理念：绿水青山就是金山银山
- “双碳”目标：绿色发展的重点战略方向
  - 二氧化碳排放力争于 2030 年前达到峰值
  - 努力争取 2060 年前实现碳中和
- 三大保卫战：深入推进环境污染防治
  - 持续深入打好蓝天保卫战
  - 持续深入打好碧水保卫战
  - 持续深入打好净土保卫战
- 三个维度的提升：厚植高质量发展的绿色底色
  - 不断提升生态系统多样性
  - 不断提升生态系统稳定性
  - 不断提升生态系统持续性
- 一个生命共同体：统筹推进山水林田湖草沙一体化保护和系统治理

1 “两山”理念

绿水青山就是金山银山

“两山”理念作为习近平生态文明思想的标识性内容，是推动新时代生态文明建设的核心理念。早在 2005 年 8 月，时任浙江省委书记的习近平同志在浙江省安吉县余村调研时，就提出“绿水青山就是金山银山”的著名论断。2013 年 9 月，习近平主席在哈萨克斯坦纳扎尔巴耶夫大学发表演讲时的答问中，明确提出“我们既要绿水青山，也要金山银山。宁要绿水青山，不要金山银山，而且绿水青山就是金山银山”。习近平主席在国际场合阐释“两山”理念，向世界宣示了中国推进生态文明建设的决心。2015 年，《关于加快推进生态文明建设的意见》《生态文明体制改革总体方案》等纲领性文件相继出台，进一步完善了生态文明建设的顶层设计，进一步强化了“两山”理念在生态文明建设中的指导地位。2017 年 10 月，党的十九大将“两山”理念作为“坚持人与自然和谐共生”的内在要求纳入新时代坚持和发展中国特色社会主义的基本方略。2022 年 10 月，党的二十大明确阐释了坚持“两山”理念的卓越成效，并阐述了坚持“两山”理念的坚强意志和战略举措。“两山”理念从孕育萌发到成为全党全社会的共识和行动，从地方实践经验、国家发展战略到引领全球生态文明建设，彰显了中国共产党人建设生态文明的高度自觉，展现了中国方案的特色和优势。

绿水青山就是金山银山，是新时代重要的发展理念，也是推进现代化建设的重大原则，符合人类社会发展规律，顺应人民群众对美好生活的期盼，成为全党全社会的共识和行动。

“两山”理念科学阐释了经济发展与生态环境保护的辩证关系，体现了发展理念的重大突破。经济发展与生态环境保护既相互依存、相互促进又相互制约、相互排斥，在一定条件下可以相互转化。良好的生态环境是经济社会持续健康发展的重要条件，是推动经济社会高质量发展的生态基石。经济社会的健康发展，可以为生态环境保护提供物质基础和技术支持。生态环境保护的成败，归根到底取决于经济结构和经济发展方式。如果以牺牲生态环境为代价片面追求经济发展的速度和规模，则无异于饮鸩止渴、杀鸡取卵，势必遭到大自然的反噬，引发环境污染、资源短缺、生态破坏等诸多问题。从“用绿水青山去换金山银山”到“既要绿水青山，也要金山银山”再到“绿水青山就是金山银山”，对于经济发展与生态环境保护的认识经历了螺旋式上升的发展过程，打破了将经济发展与环境保护对立起来的思维局限和狭隘经验，有利于推动生态环境质量持续好转。2018 年 5 月，习近平总书记在全国生态环境保护大会上明确提出“绿水青山既是自然财富、生态财富，又是社会财富、经济财富”，进一步阐明了生态效益转化为社会效益和经济效益的可能性、现实性。保护生态环境就是保护生产力，保护生态环境就是保护经济社会发展的潜力和后劲。中国共产党人强调牢固树立“两山”理念，坚定走生产发展、生活富裕、生态良好的文明发展道路，致力于实现发展和保护协同共生。

牢固树立和践行绿水青山就是金山银山的理念，必须摒弃以牺牲生态环境为代价换取一时一地经济增长的做法，平衡协调个人利益与社会利益、眼前利益与长远利益、局部利益与整体利益的关系，不断开拓将生态优势转化为发展优势、将绿水青山转化为金山银山的路径方法，必须努力“探索政府主导、企业和社会各界参与、市场化运作、可持续的生态产品价值实现路径”。促进绿水青山转化为金山银山，关键是要保护自然价值和增值自然资本，同时促进生态资产的市场化。因此，必须加快建立健全自然资源资产产权制度和法律法规，建立健全以产业生态化和生态产业化为主体的生态经济体系，探索创新生态资源指标及产权交易市场化模式，建立健全生态产品调查监测、生态产品价值评价、生态产品经营开发、生态产品保护补偿等机制，从制度安排、监督管理、技术评估等各个方面着手为生态产品的价值实现创造条件。

2 “双碳”目标

绿色发展的重点战略方向

建立健全绿色低碳循环发展经济体系、促进经济社会发展全面绿色转型，是解决我国生态环境问题的基础之策，是实现高质量发展的关键环节。2020 年 9 月，习近平主席在第七十五届联合国大会一般性辩论上宣布：“中国将提高国家自主贡献力度，采取更加有力的政策和措施，二氧化碳排放力争于 2030 年前达到峰值，努力争取 2060 年前实现碳中和。”实现碳达峰碳中和，是以习近平同志为核心的党中央经过深思熟虑作出的重大战略决策，事关中华民族永续发展和构建人类命运共同体。

全球气候变化不仅是科学问题、环境问题，而且延伸到经济发展、政治安全、外交战略和意识形态等领域，是关系到人类社会生存和发展的普遍性问题。应对气候变化是一项长期而艰巨的任务，需要全球广泛参与、携手共进。我国始终积极参与全球气候治理，并在其中扮演着越来越重要的角色。党的十八大以来，以习近平同志为核心的党中央准确把握全球气候变化对人类活动的影响，从全人类共同福祉出发，以中国理念和实践引领全球气候治理新格局，提出一系列新理念新思想新战略。

实现碳达峰碳中和，是贯彻新发展理念、构建新发展格局、推动高质量发展、实现中国式现代化的内在要求。习近平总书记强调，实现碳达峰碳中和目标，不是别人让我们做，而是我们自己必须要做。当前，我国工业化和城市化的历史任务尚未完成。作为全球最大的能源消费国，我国能源结构高碳特征明显，面临经济发展和碳排放的双重压力。中国向世界作出实现“双碳”目标的承诺，有利于倒逼产业结构升级，促进经济发展方式转变，推动经济质量提升。

实现碳达峰碳中和，是立足中国资源禀赋，实现可持续发展的迫切需要。从能源结构看，富煤贫油少气是我国的国情，以煤为主的能源结构短期内难以根本改变。从能源拥有量看，中国人均资源占有量少，后备资源不足，开发难度大。中国推进“双碳”工作，统筹国内和国际两个大局，着力解决资源环境约束突出问题，是积极而为、主动作为。

实现碳达峰碳中和，是加快建设生态文明，满足人民群众日益增长的优美生态环境需求，促进人与自然和谐共生的迫切需要。碳排放与大气污染物高度同根同源，如果不加节制地排放，不仅会造成全球气候变暖、自然环境恶化，而且会危害人民群众的生命健康和生活质量。我国推进“双碳”工作，反映了以人民为中心的发展理念，有利于人民群众共享生态环境质量改善的成果。我国政府积极参与全球气候治理，以中国理念和实践引领全球气候治理新格局，充分彰显我国的全球视野、世界胸怀和大国担当，逐步成为全球气候治理进程的重要参与者、贡献者和引领者。

我国作为世界上最大的发展中国家，将完成全球最高碳排放强度的降幅，用全球历史上最短的时间实现从碳达峰到碳中和的转化，任务之艰巨、责任之重大、时间之紧迫，世界人民有目共睹。实现碳达峰碳中和是一场广泛而深刻的经济社会系统性变革，是涉及价值观念、产业结构、能源体系、消费模式等诸多层面的复杂系统工程，需要统筹处理好发展和减排、整体和局部、长远目标和短期目标、政府和市场的关系。我们必须深入分析推进碳达峰碳中和工作面临的形势和任务，充分认识实现“双碳”目标的紧迫性和艰巨性，根据双碳目标的“路线图”“时间表”，进一步细化任务清单，要把减污降碳协同增效作为促进经济社会发展全面绿色转型的总抓手，积极稳妥推进碳达峰碳中和。必须加强统筹协调，把“双碳”工作纳入生态文明建设整体布局和经济社会发展全局，从实现中华民族伟大复兴和推进人类文明新形态发展的高度推进“双碳”工作；必须推动能源革命，加快构建清洁低碳安全高效能源体系；必须推进产业优化升级，大力发展绿色低碳产业；必须加快绿色低碳科技革命，加快低碳零碳负碳关键核心技术攻关；必须完善绿色低碳政策体系，推动能耗“双控”向碳排放总量和强度“双控”转变；必须积极参与和引领全球气候治理，推动构建人类命运共同体。

3 三大保卫战

深入推进环境污染防治

大气、水、土壤等要素之间相互影响、相互制约，构成人类赖以生存和发展的自然环境。大气污染、水污染、土壤污染系人类活动或自然过程排放的污染物所致，会对人类的生产生活造成不良影响，甚至危及生命安全。良好生态环境是最公平的公共产品，是最普惠的民生福祉。蓝天、碧水、净土都是民之所愿、民之所盼、民之所望，亦当为施政所向。党的十八大以来，党中央、国务院高度重视生态环境保护工作，坚决向环境污染宣战，将三大保卫战作为污染防治的标志性战役加以部署，先后于2013年、2015年和2016年相继出台大气、水、土壤污染防治行动计划，致力于为建设美丽中国开好局、起好步。2017年，党的十九大将污染防治攻坚战作为决胜全面建成小康社会三大攻坚战之一，予以重点部署。2018年6月公布的《中共中央　国务院关于全面加强生态环境保护　坚决打好污染防治攻坚战的意见》提出，坚决打赢蓝天保卫战，着力打好碧水保卫战，扎实推进净土保卫战。“十三五”期间，经过各地区各部门共同努力、不懈奋斗，9项生态环境约束性指标和污染防治攻坚战的阶段性目标全面超额完成，环境污染治理取得显著成效。目前，我国空气质量改善速度居世界首位，水环境质量发生转折性变化，土壤生态环境质量保持总体稳定，人民群众对优美生态环境的获得感幸福感安全感不断增强。

环境污染防治是一项复杂的系统工程，不可能毕其功于一役，需要付出长期艰苦的努力，必须锲而不舍、驰而不息。2021 年 11 月，《中共中央　国务院关于深入打好污染防治攻坚战的意见》提出“以更高标准打好蓝天、碧水、净土保卫战”。2022 年 10 月，习近平总书记在党的二十大报告中提出：“坚持精准治污、科学治污、依法治污，持续深入打好蓝天、碧水、净土保卫战。”从坚决打好污染防治攻坚战，到深入打好污染防治攻坚战，新的表述不仅强调污染治理方式向常态化、制度化和规范化转变，而且意味着污染防治触及的矛盾问题层次更深、领域更广。从全面建成小康社会到全面建成富强民主文明和谐美丽的社会主义现代化强国目标的展望，污染防治的标准更高、意义更深远。“精准”“科学”“依法”说明污染治理的思维更加系统，战术更具有针对性、可操作性，必然推动生态环境质量的根本好转。

正确认识生态文明建设所处的历史方位和发展阶段，明确生态文明建设的具体任务，是推进生态文明建设不断迈上新台阶的成功经验。“‘十四五’时期，我国生态文明建设进入了以降碳为重点战略方向、推动减污降碳协同增效、促进经济社会发展全面绿色转型、实现生态环境质量改善由量变到质变的关键时期。”深入推进环境污染防治，对于解决损害人民群众生命健康的突出问题，切实提高发展的质量和效益，促进生态环境修复，坚定维护生态环境安全具有重大意义，旨在以高水平保护推动高质量发展、创造高品质生活，为推进中国式现代化厚植绿色底色。坚持持续深入打好蓝天、碧水、净土保卫战，必须保持环境污染治理的战略定力，坚持方向不变、力度不减，不断巩固拓展环境污染治理成效；必须遵循生态系统内在的机理和规律，提高污染治理的针对性、科学性、有效性；必须坚持系统观念、协同增效，注重综合治理、系统治理、源头治理，坚持多维联动、多措并举、多管齐下，全力打好三大保卫战。

4 三个维度的提升

厚植高质量发展的绿色底色

生态系统多样性、稳定性、持续性是衡量生态系统健康状况的重要指标，不断提升生态系统多样性、稳定性、持续性是筑牢国家生态安全屏障的重要内容，是建设美丽中国的必然要求。党的十八大以来，以习近平同志为核心的党中央汲取自然科学和社会科学的最新理论成果，全面把握自然生态系统之于中华民族永续发展的重要意义，将建设美丽中国摆在强国建设、民族复兴的突出位置，更加自觉、更加主动地关注生态系统的质量状况和演变趋势。2012 年 11 月，党的十八大报告明确提出加大自然生态系统和环境保护力度。2017 年 10 月，党的十九大报告提出加大生态系统保护力度，并阐述了“构建生态廊道和生物多样性保护网络，提升生态系统质量和稳定性”等重要内容。2020 年 10 月，党的十九届五中全会通过的《中共中央关于制定国民经济和社会发展第十四个五年规划和二〇三五年远景目标的建议》提出，提升生态系统质量和稳定性。2022 年 10 月，党的二十大报告系统阐述了“提升生态系统多样性、稳定性、持续性”的重要思想和战略部署。2023 年 7 月，习近平总书记在全国生态环境保护大会上提出：“要着力提升生态系统多样性、稳定性、持续性，加大生态系统保护力度，切实加强生态保护修复监管，拓宽绿水青山转化金山银山的路径，为子孙后代留下山清水秀的生态空间。”10 余年来，党中央高度重视生态环境保护，将加大生态系统保护作为常态化、基础性战略任务进行部署，久久为功推动生态环境质量持续改善。

从提出加大自然生态系统和环境保护力度，再到明确指出提升生态系统的多样性、稳定性、持续性，中国共产党人适当使用生物科学的概念、术语和范畴来阐述生态系统的健康状况、运转机制，反映出中国共产党人对生命现象和生命活动规律的认识更加深化、更加开阔，对人与自然之间关系的认识更加深入、更加科学，对促进人与自然和谐共生的路径指向更加清晰、更加明确。生态系统的多样性是指生态系统类型、组成、结构和功能等方面的多样性；生态系统的稳定性是指生态系统所具有的自我调节机制和自我更新能力，使其在受到外界干扰时能够恢复到初始状态或者维系结构和功能的相对平衡；生态系统的持续性是指生态系统能够长期甚至无限维持自身存在和演替的适应性。生态系统的多样性、稳定性和持续性之间是相辅相成、辩证统一的。其中，生态系统的多样性是生态系统保持稳定、实现可持续发展的前提和基础，生态系统的多样性越丰富、营养结构越复杂，生态系统的生命力越旺盛，抵抗外界干扰和环境变迁时的能力也就越强，而生态系统的稳定和持续健康发展又是维护生态系统多样性的重要条件。生态系统的正常运转和顺畅循环，总是离不开一定能量、物质和信息，并指向具体的时空范围。要提升生态系统的稳定性、多样性和持续性，不仅要保护生物群落、发生过程、生物栖息地，而且要保护自然生态系统的韧性、自组织能力和完整性。

建设生态文明，绘就美丽中国画卷，必须以生态环境容量和自然资源承载力为前提，统筹考虑生态系统的完整性、地理单元的连续性和经济社会发展的可持续性，才能实现生态系统的良性循环和可持续性利用。据生态环境部介绍，尽管我国生态保护监管工作取得了一定的成绩，但生态保护形势依然十分严峻，局部地区生态系统质量功能问题突出，生物多样性丧失趋势尚未得到有效遏制，生态破坏问题依然时有发生，不合理的资源开发利用对生态空间的压力和威胁依然存在，如果不能及时有效处理将会对经济社会的健康发展构成重大风险。必须以更高站位、更宽视野、更大力度来谋划和推进新征程上生态保护和修复工作，具体要从以下几方面着手：要以“三区三线”为依托深入推进主体功能区战略，严格控制各类开发利用活动对生态空间的占用和扰动，守住自然生态的安全边界，为自然生态系统留下充分的休养生息空间，还自然以宁静、和谐、美丽；要推进以国家公园为主体的自然保护地体系建设，逐步把自然生态系统最重要、自然景观最独特、自然遗产最精华、生物多样性最富集的区域纳入国家公园体系，着力保护自然生态系统的原真性和完整性；要建立完善现代化生态环境监测体系，实行精准监管、科学监管、有效监管，及时准确掌握生态形势与动态变化，以高质量监测推动高质量保护；要开展大规模国土绿化行动，加快实施重要生态系统保护和修复重大工程，全面统筹森林、草原、湿地、荒漠生态保护修复，系统推进森林、草原、湿地生态系统服务功能全面提升，不断优化国家生态安全屏障体系。

5 一个生命共同体

统筹推进山水林田湖草沙一体化保护和系统治理

2013 年 11 月，习近平总书记在《关于〈中共中央关于全面深化改革若干重大问题的决定〉的说明》中指出："我们要认识到，山水林田湖是一个生命共同体，人的命脉在田，田的命脉在水，水的命脉在山，山的命脉在土，土的命脉在树。"2017 年 7 月，习近平总书记在谈及建立国家公园体制时说，坚持山水林田湖草是一个生命共同体。2021 年 3 月，习近平总书记在参加十三届全国人大四次会议内蒙古代表团审议时指出，"统筹山水林田湖草沙系统治理"。从 5 个字增加到 7 个字，系统治理的理念进一步拓展深化。

生命共同体是习近平生态文明思想的基础性范畴，是全面理解习近平生态文明思想的关键所在。以习近平同志为核心的党中央在继承和发展马克思主义自然观的基础上，汲取了中华优秀传统文化中的生态智慧，创造性地提出了"生命共同体"理念，开辟了对人与自然关系认识的新境界。在纪念马克思诞辰 200 周年大会上，习近平总书记提出："自然是生命之母，人与自然是生命共同体，人类必须敬畏自然、尊重自然、顺应自然、保护自然。"在亚太经合组织第二十八次领导人非正式会议上的讲话中，习近平主席指出："要坚持人与自然和谐共生，积极应对气候变化，促进绿色低碳转型，努力构建地球生命共同体。""生命共同体""人与自然是生命共同体""地球生命共同体"等新理念，分别从生态系统内在的机理和规律、人与自然的辩证关系、人类文明发展的历史趋势等角度阐发了人与自然之间相互依存、同存共荣的关系，揭示了促进人与自然和谐共生的客观依据。人类的实践活动只有建立在尊重自然、顺应自然、保护自然的基础之上，才能维护生态系统的顺畅循环，确保人类经济社会的可持续发展，使人类的价值诉求和生态系统的动态平衡都能得以实现。

党的十八大以来，以习近平同志为核心的党中央着眼于全人类的前途命运，从中华民族伟大复兴的战略高度把握人与自然的关系，强调建设美丽中国是建成社会主义现代化强国的目标要求之一，将促进人与自然和谐共生作为中国式现代化的本质要求之一，推动解决生态问题思维方法和工作方法的根本转变，开启了人与自然和谐共生的现代化的新征程。

目标任务决定方法策略，方法策略是实现目标任务的桥梁和手段。山水林田湖草沙是生命共同体，用途管制和生态修复必须遵循自然规律，按照生态系统的整体性、复杂性和有机性，统筹推进山水林田湖草沙一体化保护和系统治理。历史证明，“如果种树的只管种树、治水的只管治水、护田的单纯护田，很容易顾此失彼，最终造成生态的系统性破坏。”坚持生命共同体理念，强调推进生态环境保护事业的全方位、全地域、全过程展开，更加注重综合治理、系统治理、源头治理，以超越碎片化治理、末端式治理、运动式治理的局限性，进而达到全局性、根本性、长远性的治理效果。必须统筹推进生态修复、综合治理、整体保护，将治山治水治林治田治湖治草治沙结合起来，推动各种生态要素协同治理；必须建立完善跨地区跨流域协调联动机制，统筹山上山下、地上地下、陆地海洋以及流域上下游，形成全流域全区域治理的整体合力；必须健全完善全链条、全覆盖、全要素的监管体系，压紧压实各层级主体责任，筑牢安全防线；必须坚持结构调整、系统治理、协同推进，推动生产方式、生活方式、思维方式和价值理念的全面变革，着力解决深层次矛盾和结构性问题，推动生态环境质量的根本好转。

十

全面推进中华民族伟大复兴的安全保障

十 全面推进中华民族伟大复兴的安全保障

- 一个根基：国家安全是民族复兴的根基
- 三大安全：坚定维护国家政权安全、制度安全、意识形态安全
- 五大要素和五对关系：总体国家安全观的基本内涵
  - 五大要素
    - 以人民安全为宗旨
    - 以政治安全为根本
    - 以经济安全为基础
    - 以军事、科技、文化、社会安全为保障
    - 以促进国际安全为依托
  - 五对关系
    - 既重视发展问题，又重视安全问题
    - 既重视外部安全，又重视内部安全
    - 既重视国土安全，又重视国民安全
    - 既重视传统安全，又重视非传统安全
    - 既重视自身安全，又重视共同安全
- 十一个明确：习近平强军思想的主要内容
  - 明确党对人民军队的绝对领导是人民军队建军之本、强军之魂
  - 明确强国必须强军
  - 明确党在新时代的强军目标
  - 明确军队是要准备打仗的
  - 明确推进强军事业必须坚持政治建军、改革强军、科技强军、人才强军、依法治军
  - 明确改革是强军的必由之路
  - 明确科技是核心战斗力
  - 明确强军之道要在得人
  - 明确依法治军是我们党建军治军基本方式
  - 明确军民融合发展是兴国之举、强军之策
  - 明确作风优良是人民军队鲜明特色和政治优势
- “一国两制”：实现港澳长期繁荣稳定的最佳制度安排和两岸统一的最佳方式
- 一项基本国策：对外开放
- “一带一路”：以“五通”“三共”促进“六路”发展
  - “五通”
    - 政策沟通
    - 设施联通
    - 贸易畅通
    - 资金融通
    - 民心相通
  - “三共”
    - 共商
    - 共建
    - 共享
  - “六路”
    - 为世界开辟了和平之路
    - 为世界开辟了繁荣之路
    - 为世界开辟了开放之路
    - 为世界开辟了绿色之路
    - 为世界开辟了创新之路
    - 为世界开辟了文明之路
- “三个之变”的中国应对方案：推动构建人类命运共同体
  - 世界之变
  - 时代之变
  - 历史之变
- 六大全人类共同价值：引领人类文明新发展
  - 和平
  - 发展
  - 公平
  - 正义
  - 民主
  - 自由
- “四为四谋”：为中国人民谋幸福、为中华民族谋复兴，为人类谋进步、为世界谋大同

1 一个根基

国家安全是民族复兴的根基

党的二十大报告明确指出:“国家安全是民族复兴的根基，社会稳定是国家强盛的前提。必须坚定不移贯彻总体国家安全观，把维护国家安全贯穿党和国家工作各方面全过程，确保国家安全和社会稳定。”首次在党的全国代表大会报告中设专章论述国家安全问题，对推进国家安全体系和能力现代化、坚决维护国家安全和社会稳定作出战略部署，充分体现了国家安全工作在党和国家事业全局中的极端重要性，是我们党与时俱进深化对国家安全工作认识、全面加强国家安全工作的重要标志。

实现中华民族伟大复兴是近代以来中国人民最伟大的梦想。百余年来，中国共产党团结带领人民进行的一切奋斗、一切牺牲、一切创造，归结起来就是一个主题：实现中华民族伟大复兴。现在，我们比历史上任何时期都更接近实现中华民族伟大复兴的目标，比历史上任何时期都更有信心、更有能力实现这个目标。在 2013 年全国两会上，习近平总书记强调:“我们越发展壮大，遇到的阻力和压力就会越大，面临的外部风险就会越多。”因此，要开创中华民族伟大复兴新局面，就要为实现中华民族伟大复兴提供安全保障，就必须冷静审视深刻复杂变化的国际形势，全面把握艰巨繁重的改革发展稳定任务，牢固树立总体国家安全观，加快构建新安全格局。

推进国家安全体系和能力现代化是统筹中华民族伟大复兴战略全局和世界百年未有之大变局的必然要求。当今世界正在经历百年未有之大变局，中华民族伟大复兴是这一大变局的一部分，同时也受到世界格局动荡调整变革的深刻影响。要确保我国现代化建设和民族复兴进程不被迟滞或中断，要在世界百年未有之大变局中站稳脚跟、开辟新局，就必须铸造维护国家安全和发展的钢铁长城，与时俱进推进国家安全体系和能力现代化。

2016 年 4 月 15 日，习近平总书记在首个全民国家安全教育日作出重要指示，强调："实现中华民族伟大复兴的中国梦，保证人民安居乐业，国家安全是头等大事。"国泰民安是人民群众最基本、最普遍的愿望，维护国家安全是全国各族人民根本利益所在。没有安全和稳定，一切都无从谈起。国家安全是安邦定国的重要基石。在新时代新征程上，我们要坚持走中国特色国家安全道路，贯彻总体国家安全观，实施国家安全战略，坚持政治安全、人民安全、国家利益至上有机统一，牢牢掌握维护和塑造国家安全的全局性主动。新形势下，我国国家安全和社会稳定面临的威胁和挑战联动效应明显，各种可以预见和难以预见的风险因素增多，维护国家安全和社会稳定任务繁重艰巨。我们要准确把握国家安全形势，完善国家安全战略和国家安全政策，统筹推进各项安全工作，把安全发展贯穿国家发展各领域和全过程，防范和化解影响我国现代化进程的各种风险，筑牢国家安全屏障，真正做到"安而不忘危，存而不忘亡，治而不忘乱"。

2 三大安全

坚定维护国家政权安全、制度安全、意识形态安全

习近平总书记在党的二十大报告中强调，"坚定维护国家政权安全、制度安全、意识形态安全"。政权安全、制度安全是政治安全的核心，

最根本的就是维护中国共产党的领导和执政地位，维护中国特色社会主义制度。意识形态关乎旗帜、关乎道路、关乎国家政权安全和制度安全。

如果政治安全得不到保障，国家必然会陷入四分五裂、一盘散沙的局面，中华民族伟大复兴就无从谈起。政治安全攸关党和国家的安危存亡，攸关中国特色社会主义发展全局，攸关党和国家的长治久安。维护经济、社会、文化、军事等其他各个领域的安全，最终都需要以政治安全为前提条件。

中国共产党的领导和社会主义制度是治国理政的根本。我国宪法明确了中国共产党的执政地位，明确了党在国家政权结构中总揽全局、协调各方的核心地位。任何人以任何借口否定中国共产党人领导和我国社会主义制度，都是错误的、有害的，都是违反宪法的，都是绝对不能接受的。必须毫不动摇坚持和巩固党的领导地位和执政地位，确保政权安全。

制度稳则国家稳。“立治有体，施治有序”。政治制度对一个国家长治久安具有十分重要的意义。制度优势是一个国家最大的优势，制度竞争是国家间最根本的竞争。必须毫不动摇坚持和完善中国特色社会主义制度，确保我国的制度安全。中国特色社会主义制度是一个严密完整的科学制度体系，起四梁八柱作用的是根本制度、基本制度、重要制度，其中具有统领地位的是党的领导制度。在政治制度模式上，要有“咬定青山不放松”“任尔东西南北风”的精神，坚定不移走中国特色社会主义政治发展道路，坚持党的领导、人民当家作主、依法治国有机统一。各种敌对势力一直企图在我国制造“颜色革命”，妄图颠覆中国共产党的领导和我国社会主义制度。这是我国政权安全和制度安全面临的现实危险。我们要敢于亮剑，敢于迎难而上，坚决防止各种敌对势力的干扰和破坏，避免一些具体问题演变成政治问题、局部问题演变成全局性事件，避免出现大的意识形态事件和舆论旋涡。

我们党高度重视意识形态安全。习近平总书记反复强调：“意识形态工作是党的一项极端重要的工作。”2013 年 8 月 19 日，习近平总书记在全国宣传思想工作会议上指出：“能否做好意识形态工作，事关党的前途命运，事关国家长治久安，事关民族凝聚力和向心力。”我们必须把意识形态工作的领导权、管理权、话语权牢牢掌握在手中，任何时候都不能旁落，否则就要犯无可挽回的历史性错误。

党的十九届六中全会通过的《中共中央关于党的百年奋斗重大成就和历史经验的决议》指出，党的十八大以来，我国意识形态领域形势发生全局性、根本性转变，全党全国各族人民文化自信明显增强，全社会凝聚力和向心力极大提升，为新时代开创党和国家事业新局面提供了坚强思想保证和强大精神力量。这意味着我们在意识形态领域要有信心，但对意识形态安全要更加具有忧患意识。比如，互联网这一意识形态斗争的主阵地、主战场、最前沿，是我们面临的“最大变量”，搞得不好就会成为我们的“心头之患”。我们要提高防范政治风险能力，及时阻断不同领域风险的转化通道，避免相互交叉感染，防止非政治风险蔓延为政治风险。严密防范和坚决打击敌对势力渗透、破坏、颠覆、分裂活动，坚定维护政权安全、制度安全、意识形态安全。

3 五大要素和五对关系
总体国家安全观的基本内涵

总体国家安全观是我们党的历史上第一个被确立为国家安全工作指导思想的重大战略思想，是习近平新时代中国特色社会主义思想的重要组成部分。2014 年 4 月，习近平总书记在中央国家安全委员会第一次会议上指出：“当前我国国家安全内涵和外延比历史上任何时候都要丰富，时空领域比历史上任何时候都要宽广，内外因素比历史上任何时候都要复杂，必须坚持总体国家安全观，以人民安全为宗旨，以政治安全为根本，以经济安全为基础，以军事、文化、社会安全为保障，以促进国际安全为依托，走出一条中国特色国家安全道路。”这是总体国家安全观的基本内涵。

国家安全是一个不可分割的安全体系，总体国家安全观基本内涵中的每一要素都各有侧重，但是都与其他要素相互联系、相互影响。同时，这五大要素也清晰地勾勒了中国特色国家安全道路的基本要求。具体来说，一是坚持以人民安全为宗旨，始终把人民作为国家安全的基础性力量，着力解决人民群众反映强烈的安全问题，这是新时代维护国家安全的根本立场。二是坚持把政治安全放在首要位置，政治安全是国家安全的根本，维护国家政权安全、制度安全，坚决打赢意识形态斗争，全面贯彻党的民族政策和宗教政策，防范化解党的建设面临的风险，这是新时代国家安全的生命线。三是坚持经济安全是国家安全的基础，以经济建设为中心是兴国之要，只有推动经济持续健康发展，才能筑牢国家繁荣富强、人民幸福安康、社会和谐稳定的物质基础，要坚决维护我国发展利益，积极防范各种风险，确保国家经济安全。四是坚持以军事、科技、文化、社会安全为保障，统筹推进各领域安全，守护好新时代国家安全的主阵地主战场。坚持强国必须强军，军强才能国安，国防和军队建设是国家安全的坚强后盾，没有一个巩固的国防，没有一支强大的军队，和平发展就没有保障。2020 年 10 月，习近平总书记在中央政治局第二十四次集体学习时指出，“当今世界正经历百年未有之大变局，科技创新是其中一个关键变量”，要强化科技自立自强作为国家安全和发展的战略支撑作用，只有把核心技术掌握在自己手中，才能真正掌握竞争和发展的主动权，才能从根本上保障国家经济安全、国防安全和其他安全。文化安全为国家安全保驾护航，是以整个国家的文化建设、文化发展、文化生活等不断巩固和发展中国特色社会主义制度，不断巩固和完善中国共产党的执政地位，包括社会主义核心价值观的安全、中国传统文化及其物质载体的安全等。社会安全与人民群众切身利益关系最密切，是人民群众安全感的“晴雨表”，是社会安定的“风向标”，要积极预防、妥善化解各类社会矛盾，着力防范管控各类社会风险，确保社会既充满生机活力又保持安定有序，创新完善立体化、信息化社会治安防控体系，与漠视基本人权、践踏人道正义、挑战人类文明共同底线的暴力恐怖活动作斗争，充分发挥我国应急管理体系特色和优势，积极推进我国应急管理体系和能力现代化，从而使我国社会大局保持长期稳定，成为世界上最有安全感的国家之一。五是以促进国际安全为依托，走出一条中国特色国家安全道路，展示新时代国家安全的大国担当。

总体国家安全观是一种辩证、全面、系统的国家安全理念，是对传统国家安全理念的超越。贯彻落实总体国家安全观，必须科学统筹、协调推进，正确处理好 5 对关系。其一，既重视外部安全，又重视内部安全，对内求发展、求变革、求稳定、建设平安中国，对外求和平、求合作、求共赢、建设和谐世界；其二，既重视国土安全，保障领土完整、国家统一、海洋权益及边疆边境不受侵犯免受威胁；又重视国民安全，坚持以民为本、以人为本，坚持国家安全一切为了人民、一切依靠人民，真正夯实国家安全的群众基础；其三，既重视传统安全，又重视非传统安全，构建集政治安全、国土安全、军事安全、经济安全、文化安全、社会安全、科技安全、信息安全、生态安全、资源安全、核安全等于一体的国家安全体系；其四，既重视发展问题，又重视安全问题，发展是安全的基础，安全是发展的条件，富国才能强兵，强兵才能卫国；其五，既重视自身安全，又重视共同安全，打造命运共同体，推动各方朝着互利互惠、共同安全的目标相向而行。

4 十一个明确

习近平强军思想的主要内容

党的十八大以来，以习近平同志为核心的党中央，确立党在新时代的强军目标，贯彻习近平强军思想，贯彻新时代军事战略方针，坚持党对人民军队的绝对领导，在古田召开全军政治工作会议，以整风精神推进政治整训，牢固树立战斗力这个唯一的根本的标准，坚决把全军工作重心归正到备战打仗上来，统筹加强各方向各领域军事斗争，大抓实战化军事训练，大刀阔斧深化国防和军队改革，重构人民军队领导指挥体制、现代军事力量体系、军事政策制度，加快国防和军队现代化建设，裁减现役员额30万胜利完成，人民军队体制一新、结构一新、格局一新、面貌一新，现代化水平和实战能力显著提升，中国特色强军之路越走越宽广。

强军实践永不止步，理论创新没有止境。2013年3月11日，习近平总书记明确提出党在新时代的强军目标，人民军队由此开始了新时代的伟大行军。习近平强军思想，立足新时代强军兴军实践，提出一系列标志性引领性的新理念新思想新战略，形成一个内涵丰富、思想深邃、与时俱进的科学军事理论体系。这一思想的主要内容集中体现为“十一个明确”的新概括。

习近平强军思想，明确党对人民军队的绝对领导是人民军队建军之本、强军之魂，必须全面加强军队党的领导和党的建设，贯彻党领导军队的一系列根本原则和制度，确保部队绝对忠诚、绝对纯洁、绝对可靠；明确强国必须强军，巩固国防和强大人民军队是新时代坚持和发展中国特色社会主义、实现中华民族伟大复兴的战略支撑，人民军队必须有效履行新时代使命任务；明确党在新时代的强军目标是建设一支听党指挥、能打胜仗、作风优良的人民军队，到2027年实现建军一百年奋斗目标，到2035年基本实现国防和军队现代化，到本世纪中叶把人民军队建成世界一流军队；明确军队是要准备打仗的，必须聚焦能打仗、打胜仗，扭住强敌对手，创新军事战略指导，发展人民战争战略战术，全面加强练兵备战，坚定灵活开展军事斗争，有效塑造态势、管控危机、遏制战争、打赢战争；明确推进强军事业必须坚持政治建军、改革强军、科技强军、人才强军、依法治军，坚持边斗争、边备战、边建设，更加注重聚焦实战、创新驱动、体系建设、集约高效、军民融合，加强军事治理，推动高质量发展，全面提高革命化现代化正规化水平；明确改革是强军的必由之路，必须推进军队组织形态现代化，构建中国特色现代军事力量体系，完善中国特色社会主义军事制度；明确科技是核心战斗力，必须坚持自主创新战略基点，推进高水平科技自立自强，统筹推进军事理论、技术、组织、管理、文化等各方面创新，建设创新型人民军队；明确强军之道要在得人，必须贯彻新时代军事教育方针，推动军事人员能力素质、结构布局、开发管理全面转型升级，锻造德才兼备的高素质、专业化新型军事人才；明确依法治军是我们党建军治军基本方式，必须构建中国特色军事法治体系，推动治军方式根本性转变，提高国防和军队建设法治化水平；明确军民融合发展是兴国之举、强军之策，必须巩固提高一体化国家战略体系和能力；明确作风优良是我军鲜明特色和政治优势，必须全面从严治党、全面从严治军，全面锻造过硬基层，坚定不移正风肃纪反腐，大力弘扬我党我军光荣传统和优良作风，永葆人民军队性质、宗旨、本色。

“十一个明确”深刻回答了新时代强军兴军的使命任务、奋斗目标、根本原则、根本指向、根本保证、战略布局、必由之路、强大引擎、根本大计、法治保障、重要路径等重大问题，涵盖新时代军队建设、改革和军事斗争准备各领域各方面，贯通军事力量建设和运用全过程，构成了习近平强军思想的主要内容，充分彰显了党的军事指导理论的时代性、开放性和创造性。

5 “一国两制”

实现港澳长期繁荣稳定的最佳制度安排和两岸统一的最佳方式

党的十八大以来，以习近平同志为核心的党中央，全面准确推进“一国两制”实践，坚持“一国两制”、“港人治港”、“澳人治澳”、高度自治的方针，推动香港进入由乱到治走向由治及兴的新阶段，香港、澳门保持长期稳定发展良好态势；提出新时代解决台湾问题的总体方略，促进两岸交流合作，坚决反对“台独”分裂行径，坚决反对外部势力干涉，牢牢把握两岸关系主导权和主动权。“一国两制”是中国特色社会主义的伟大创举，是香港、澳门回归后保持长期繁荣稳定的最佳制度安排，必须长期坚持。

全面准确、坚定不移贯彻“一国两制”、“港人治港”、“澳人治澳”、高度自治的方针，坚持依法治港治澳，维护宪法和基本法确定的特别行政区宪制秩序。坚持和完善“一国两制”制度体系，落实中央全面管治权，落实“爱国者治港”“爱国者治澳”原则，落实特别行政区维护国家安全的法律制度和执行机制。坚持中央全面管治权和保障特别行政区高度自治权相统一，坚持行政主导，支持行政长官和特别行政区政府依法施政，提升全面治理能力和管治水平，完善特别行政区司法制度和法律体系，保持香港、澳门资本主义制度和生活方式长期不变，促进香港、澳门长期繁荣稳定。支持香港、澳门发展经济、改善民生、破解经济社会发展中的深层次矛盾和问题。发挥香港、澳门优势和特点，巩固提升香港、澳门在国际金融、贸易、航运航空、创新科技、文化旅游等领域的地位，深化香港、澳门同各国各地区更加开放、更加密切的交往合作。推进粤港澳大湾区建设，支持香港、澳门更好融入国家发展大局，为实现中华民族伟大复兴更好发挥作用。发展壮大爱国爱港爱澳力量，增强港澳同胞的爱国精神，形成更广泛的国内外支持“一国两制”的统一战线。坚决打击反中乱港乱澳势力，坚决防范和遏制外部势力干预港澳事务。2023 年 3 月，中共中央、国务院印发《党和国家机构改革方案》，其中明确在国务院港澳事务办公室基础上组建中央港澳工作办公室，承担在贯彻“一国两制”方针、落实中央全面管治权、依法治港治澳、维护国家安全、保障民生福祉、支持港澳融入国家发展大局等方面的调查研究、统筹协调、督促落实职责。

解决台湾问题、实现祖国完全统一，是党矢志不渝的历史任务，是全体中华儿女的共同愿望，是实现中华民族伟大复兴的必然要求。坚持贯彻新时代党解决台湾问题的总体方略，牢牢把握两岸关系主导权和主动权，坚定不移推进祖国统一大业。“和平统一、一国两制”方针是实现两岸统一的最佳方式，对两岸同胞和中华民族最有利。我们坚持一个中国原则和“九二共识”，在此基础上，推进同台湾各党派、各界别、各阶层人士就两岸关系和国家统一开展广泛深入协商，共同推动两岸关系和平发展、推进祖国和平统一进程。我们坚持团结广大台湾同胞，坚定支持岛内爱国统一力量，共同把握历史大势，坚守民族大义，坚定反“独”促统。伟大祖国永远是所有爱国统一力量的坚强后盾！两岸同胞血脉相连，是血浓于水的一家人。我们始终尊重、关爱、造福台湾同胞，继续致力于促进两岸经济文化交流合作，深化两岸各领域融合发展，完善增进台湾同胞福祉的制度和政策，推动两岸共同弘扬中华文化，促进两岸同胞心灵契合。

台湾是中国的台湾。解决台湾问题是中国人自己的事，要由中国人来决定。我们坚持以最大诚意、尽最大努力争取和平统一的前景，但决不承诺放弃使用武力，保留采取一切必要措施的选项，这针对的是外部势力干涉和极少数“台独”分裂分子及其分裂活动，绝非针对广大台湾同胞。习近平总书记强调：“台湾问题是中国核心利益中的核心。谁要是在一个中国问题上做文章，中国政府和中国人民绝不答应；谁要是指望中国在台湾问题上妥协退让，那是痴心妄想，只会搬起石头砸自己的脚。”国家统一、民族复兴的历史车轮滚滚向前，祖国完全统一一定要实现，也一定能够实现！

在以习近平同志为核心的党中央的坚强领导下，全体中华儿女完全有智慧有能力推进“一国两制”事业越走越稳、越走越好，保持香港、澳门长期繁荣稳定，实现祖国完全统一，共同创造中华民族伟大复兴的光明未来。

6 一项基本国策
对外开放

习近平总书记在党的二十大报告中指出，中国坚持对外开放的基本国策，坚定奉行互利共赢的开放战略，不断以中国新发展为世界提供新机遇，推动建设开放型世界经济，更好惠及各国人民。党的十一届三中全会以来，我国坚持对外开放的基本国策，打开国门搞建设，实现了从封闭半封闭到全方位开放的历史性转变。改革开放之初，邓小平指出：“现在的世界是开放的世界。中国在西方国家产业革命以后变得落后了，一个重要原因就是闭关自守。”“建设一个国家，不要把自己置于封闭状态和孤立地位。”开放带来进步，封闭必然落后。我国改革开放的伟大成就充分证明，对外开放是推动我国经济社会发展的重要动力，以开放促改革、以开放促发展是中国特色社会主义事业不断取得新成就的重要法宝。

开放已经成为当代中国的鲜明标识。党的十八大以来，习近平总书记多次在国内外重要场合宣讲中国的对外开放政策，指出“中国开放的大门不会关上”，“中国将在更大范围、更宽领域、更深层次上提高开放型经济水平”，强调中国将坚持以开放促改革、促创新，持续推进更高水平的对外开放。我国坚定不移扩大开放，实行更加积极主动的开放战略，已经成为 140 多个国家和地区的主要贸易伙伴，货物贸易总额居世界第一，吸引外资和对外投资居世界前列，共建“一带一路”成为深受欢迎的国际公共产品和国际合作平台。“十四五”规划和 2035 年远景目标纲要都要求，坚持实施更大范围、更宽领域、更深层次对外开放，依托我国超大规模市场优势，促进国际合作，实现互利共赢，推动共建“一带一路”行稳致远。

当前，我国正处在全面建设社会主义现代化国家开局起步的关键时期，更高水平开放型经济新体制基本形成是我们的主要目标任务之一。构建开放型经济新体制，是以对外开放的主动赢得经济发展和国际竞争主动的必然要求，目的是进一步破除体制机制障碍，使对内对外开放相互促进，引进来和走出去更好结合，构建互利共赢、多元平衡、安全高效的开放型经济体系，推动形成更高水平的对外开放新格局，打造国际经济合作和竞争新优势。第一，扩大开放的范围和领域。通过共建“一带一路”高质量发展，引领多种形式的互利合作机制建设。包括国内外陆海联动，资源、资金、科技领域的国际合作，金融和服务领域有序开放，推进人民币国际化，推动贸易和投资自由化便利化。第二，完善提升对外开放平台。深化自由贸易试验区改革，加快海南自由贸易港建设，建立中国特色自由贸易港制度和政策体系，构建面向全球的高标准自由贸易区网络。第三，稳步扩大制度型开放。主动对接国际高标准市场规则体系，健全高水平开放法治保障，积极参与全球经济治理体系改革，推动构建公平合理、合作共赢的国际经贸投资新规则。

中国积极建设开放型世界经济，坚持经济全球化正确方向，反对保护主义，反对“筑墙设垒”“脱钩断链”，反对单边制裁、极限施压。习近平总书记指出，世界经济的大海，你要还是不要，都在那儿，是回避不了的。想人为切断各国经济的资金流、技术流、产品流、产业流、人员流，让世界经济的大海退回到一个一个孤立的小湖泊、小河流，是不可能的，也是不符合历史潮流的。中国愿同世界各国一道共同营造有利于发展的国际环境，共同培育全球发展新动能，始终做经济全球化和全球发展的贡献者。

中国坚持奉行互利共赢的开放战略，中国的发展为世界发展提供机遇，愿将自身发展经验和机遇同世界各国共享，欢迎各国搭乘中国发展的“顺风车”，实现共同发展。习近平总书记指出，中国追求的是共同发展。我们既要让自己过得好，也要让别人过得好。中国经济快速增长，成为世界经济增长的重要引擎；中国同一大批国家联动发展，使全球经济发展更加平衡；中国加大对全球发展合作的资源投入，坚定支持和帮助广大发展中国家加快发展。中国的开放战略将始终致力于建设各国共享的“百花园”，为开放型世界经济注入重要动力。

7 “一带一路”

以“五通”“三共”促进“六路”发展

2013 年 9 月，习近平主席在哈萨克斯坦纳扎尔巴耶夫大学的演讲中提出，与欧亚各国共同建设“丝绸之路经济带”。2013 年 10 月，习近平主席在印度尼西亚国会的演讲中提出，中国愿同东盟国家加强海上合作，共同建设“二十一世纪海上丝绸之路”。共建“丝绸之路经济带”和“二十一世纪海上丝绸之路”，即“一带一路”倡议。党的二十大报告强调，推动共建“一带一路”高质量发展。

“一带一路”倡议弘扬和平合作、开放包容、互学互鉴、互利共赢的丝路精神，大力推进沿线国家实现全方位互联互通，同沿线国家谋求合作的最大公约数，协调沿线各国联动发展、共同繁荣。推进“一带一路”建设，重点是做到“五通”，即政策沟通、设施联通、贸易畅通、资金融通、民心相通。政策沟通，是指各国就发展战略和对策进行交流、对接，协商推进区域合作的规划和措施，在政策和法律上支持区域经济融合。设施联通，是指各国协同完善跨境交通基础设施，形成跨区域的交通运输网络，为各国经济发展和人员往来提供交通便利。贸易畅通，是指消除贸易壁垒，降低贸易与投资成本，提高区域经济循环速度和质量，各国协商安排、推进贸易和投资便利化。资金融通，是指各国在经常项目下和资本项目下实现本币兑换和结算，可有效降低流通成本和金融风险。民心相通，是指加强各国人民友好往来，增进相互了解和传统友谊，弘扬丝路精神，推进文明交流互鉴，为区域合作奠定坚实的民意和社会基础。

截至2023年8月，我国已与152个国家、32个国际组织签署200余份共建“一带一路”合作文件，“六廊六路多国多港”的互联互通架构已经形成，以基础设施建设为主的3000多个合作项目，在沿线各国修筑了一架架“连心桥”，一条条“致富路”，一个个“发展港”，一座座“幸福城”，充分体现了“一带一路”倡议的强大生命力。

“三共”，即共商、共建、共享，这是推动“一带一路”建设必须坚持的基本原则。习近平总书记指出：“在‘一带一路’建设国际合作框架内，各方秉持共商、共建、共享原则，携手应对世界经济面临的挑战，开创发展新机遇，谋求发展新动力，拓展发展新空间，实现优势互补、互利共赢，不断朝着人类命运共同体方向迈进。”共商，就是集思广益，集各方智慧与创意共同商量把事情办好，让“一带一路”顾及各方利益与关切。共建，就是各施所长，各尽所能，充分发挥各方优势与潜能，持之以恒不断推进。共享，就是建设成果更多更公平惠及各国人民，带动各国经济共同发展。

共建“一带一路”追求的是发展，崇尚的是共赢，传递的是希望。共建“一带一路”遵循共商共建共享原则，坚持开放、绿色、廉洁理念，以高标准、可持续、惠民生为目标，各国共同平等参与，机遇和成果属于世界，实现各国共同繁荣。“一带一路”致力于开创国际合作共赢的新模式，不干涉他国内政，不输出社会制度和发展模式，不搞地缘博弈，更不强加于人。根据世界银行研究报告，到2030年，共建“一带一路”有望帮助全球760万人摆脱极端贫困、3200万人摆脱中度贫困。

“一带一路”倡议实施10年来，从理念到共识，从夯基垒台、立柱架梁到全面发展，已经发展成为规模最大的国际合作平台和深受欢迎的国际公共产品。海关数据显示，2022年，我国与“一带一路”沿线国家的进出口规模创历史新高，占我国外贸总值的比重达32.9%。“一带一路”在促进中国经济发展的同时，也给沿线国家带来了实实在在的获得感。中国企业在沿线国家建设的合作区已累计投资3979亿元人民币，为当地创造了42.1万个就业岗位。中老铁路、匈塞铁路等重点项目建设运营稳步推进，一批“小而美”的农业、医疗、减贫等民生项目也相继落地。

实践证明，“一带一路”为世界开辟了和平之路、繁荣之路、开放之路、绿色之路、创新之路、文明之路，实现了“六路”并进，打造了中国同共建国家实现合作共赢的成功范例，为全球经济发展增添新动力，是推动构建人类命运共同体的重要实践平台。

8 “三个之变”的中国应对方案

推动构建人类命运共同体

2013 年 3 月 23 日，习近平主席在莫斯科国际关系学院的重要演讲中，首次提出构建人类命运共同体理念。党的二十大报告指出，世界之变、时代之变、历史之变正以前所未有的方式展开。一方面，和平、发展、合作、共赢的历史潮流不可阻挡，人心所向、大势所趋决定了人类前途终归光明。另一方面，恃强凌弱、巧取豪夺、零和博弈等霸权霸道霸凌行径危害深重，和平赤字、发展赤字、安全赤字、治理赤字“四大赤字”加重，人类社会面临前所未有的挑战。

和平赤字是指地区冲突、局部战争、恐怖主义的战争问题，在冷战思维和军事强权的武力威胁下愈演愈烈，很多国家民众特别是儿童饱受战火摧残。发展赤字是指 2008 年国际金融危机导致世界经济持续低迷下滑的背景下，逆全球化、单边主义、保护主义、“脱钩断链”的趋势上升，收入分配不平衡、发展空间不平衡的问题日益突出。安全赤字是指国际竞争摩擦、地缘博弈加重，气候变化、网络安全、难民危机、新冠疫情等非传统安全威胁持续蔓延。治理赤字是指世界组织与国际机构对上述国际问题的治理不力，全球治理体系和多边机制受到冲击。

世界又一次站在历史的十字路口。何去何从取决于各国人民的抉择。万物并育而不相害，道并行而不相悖。中国共产党深刻洞察人类发展进步潮流，积极回应各国人民普遍关切，提出了解决“四大赤字”的中国方案，强调构建人类命运共同体是世界各国人民前途所在。坚持对话协商，推动建设一个持久和平的世界；坚持共建共享，推动建设一个普遍安全的世界；坚持合作共赢，推动建设一个共同繁荣的世界；坚持交流互鉴，推动建设一个开放包容的世界；坚持绿色低碳，推动建设一个清洁美丽的世界。

第一，构建以合作共赢为核心的新型国际关系是构建人类命运共同体的基本路径。构建新型国际关系，倡导世界各国相互尊重，国家不分大小、强弱、贫富，主权和尊严必须得到尊重，世界各国一律平等，不能以大欺小、以强凌弱、以富欺贫。只有世界各国共同追求国际关系和国际秩序的公平正义，走出一条国与国交往的新路，才能为构建人类命运共同体开辟道路、积累条件。

第二，推动全球治理体系改革是构建人类命运共同体的行动纲领。世界各国依据共商共建共享的全球治理观，坚持真正的多边主义，积极推进国际关系民主化，推动全球治理朝着更加公正合理的方向发展。应坚定维护以联合国为核心的国际体系、以国际法为基础的国际秩序、以联合国宪章宗旨和原则为基础的国际关系基本准则，坚持以沟通协商作为全球治理的重要方法，倡导以对话解争端、以协商化分歧。

第三，全球发展倡议、全球安全倡议、全球和平倡议是构建人类命运共同体的实际行动。2021 年 9 月 21 日，习近平主席在第七十六届联合国大会一般性辩论上的讲话中提出全球发展倡议，呼吁坚持发展优先、以人民为中心，加快落实联合国 2030 年可持续发展议程，构建全球发展命运共同体。2022 年 4 月 21 日，习近平主席在博鳌亚洲论坛年会开幕式上提出全球安全倡议，主张坚持共同、综合、合作、可持续的安全观，尊重各国主权和领土完整，坚持通过对话协商和平解决国家间分歧和争端。2023 年 3 月 15 日，习近平总书记在中国共产党与世界政党高层对话会上首次提出全球文明倡议。全球文明倡议，倡导尊重世界文明多样性，坚持文明平等、互鉴、对话、包容，以文明交流超越文明隔阂、以文明互鉴超越文明冲突、以文明包容超越文明优越。倡导弘扬和平、发展、公平、正义、民生、自由的全人类共同价值，以宽广胸怀理解不同文明对价值内涵的认识，不将自己的价值观和模式强加于人，不搞意识形态对立。倡导重视文明传承和创新，推动各国优秀传统文化在现代化进程中实现创造性转化、创新性发展。倡导加强国际人文交流合作，促进各国人民相知相亲，共同推动人类文明发展进步，为人类和平与发展事业增添更多正能量。

人类命运共同体，揭示了世界各国相互依存和人类命运紧密相连的客观规律，找到了共建美好世界的最大公约数。中国以共建“一带一路”、全球发展倡议、全球安全倡议、全球和平倡议为实践平台推动构建人类命运共同体，通过中国发展带动世界创造更多发展机遇，通过自身实践探索人类社会发展规律，促成不同社会制度、不同意识形态、不同历史文化、不同发展水平的国家在国际事务中利益共生、权利共享、责任共担，共同创造人类的美好未来。

9 六大全人类共同价值
引领人类文明新发展

2015 年 9 月 28 日，习近平主席在第七十届联合国大会一般性辩论时的讲话中首次提出“和平、发展、公平、正义、民主、自由，是全人类的共同价值”。此后，习近平总书记在国际国内重要场合的讲话中一再提及全人类共同价值这一重要理念，强调，“中国共产党将继续同一切爱好和平的国家和人民一道，弘扬和平、发展、公平、正义、民主、自由的全人类共同价值”，“和平与发展是我们的共同事业，公平正义是我们的共同理想，民主自由是我们的共同追求”。

第一，和平与发展关乎人类的生存与发展，是全人类的共同事业。和平是人类社会生存的基本前提，发展是文明存续的有力支撑，和平与发展是人类文明得以存续的首要原则。当今世界处于大发展大变革大调整时期，百年未有之大变局的历史背景下，和平与发展的时代主题没有改变。中国始终坚持走和平发展道路，致力于维护世界和平，推动共同发展。同时，还尽力与世界各国相向而行，与国际社会一道，共同走和平发展道路。发展是解决一切问题的总钥匙，是增进人类福祉的重要前提。中国始终将发展置于全球宏观政策框架的核心位置，推动制定和落实联合国千年发展目标、联合国 2030 年可持续发展议程，为促进共同发展发挥了重要作用。全人类共同价值对和平与发展的价值定向是对人类历史发展规律的深刻总结，反映了当今世界的时代主题。

第二，公平与正义体现了人类对美好社会的向往，是全人类的共同理想。公平与正义是世界各国人民在国际关系领域追求的崇高目标，是构建新型国际关系的基本准则。中国积极推动全球治理体系改革，积极构建相互尊重、公平正义、合作共赢的新型国际关系。公平正义共同价值主张当今国际政治要有公正之心。“世界要公道，不要霸道。”全球治理应该使每个成员国受益，反对霸权主义、单边主义和强权政治。公平正义应该由国际法来保障，世界各国应该尊重以国际法为基础的国际秩序，维护联合国在国际体系中的权威和地位。公平正义还应践行正确义利观，强调以合作代替对抗、以共赢代替独占，主张各国在追求自身利益的同时尊重他国的合理关切，在实现自身发展的过程中推动世界各国共同发展。全人类共同价值的公平正义价值理念实质上是要建构主体平等、多边主义的新型国际关系与全球治理新秩序，推动人类社会发展的公平性保障和正义性实现。

第三，民主与自由体现的是各国人民独立自主的权利，是全人类的共同追求。民主作为全人类的共同价值，在国内体现为人民当家作主，在国际上体现为国际关系民主化。习近平总书记指出：“各国主权范围内的事情只能由本国政府和人民去管，世界上的事情只能由各国政府和人民共同商量来办。这是处理国际事务的民主原则。”自由是人的社会价值的终极追求，国家的自由全面发展则应遵循独立自主原则。习近平总书记指出：“通向幸福的道路不尽相同，各国人民有权选择自己的发展道路和制度模式，这本身就是人民幸福的应有之义。”中国尊重和支持各国自主选择发展道路和社会制度的权利，反对泛民主化、绝对自由主义的错误思潮，坚决反对以“民主”“自由”为名，行“霸权”“干涉”之实。全人类共同价值对民主与自由的科学倡导与努力实践，为超越西方自由民主的虚假性与破坏性，创造人类政治发展新模式提供了价值指引。

和平、发展、公平、正义、民主、自由的全人类共同价值，是新时代中国共产党对于人类进步事业的最新探索，是人类文明发展史上重大的理论和实践创新，必将引领人类文明实现新发展。

10 “四为四谋”

为中国人民谋幸福、为中华民族谋复兴，为人类谋进步、为世界谋大同

2017 年 10 月，习近平总书记在党的十九大报告中指出，中国共产党人的初心和使命，就是为中国人民谋幸福，为中华民族谋复兴。中国共产党是为中国人民谋幸福的政党，也是为人类进步事业而奋斗的政党。中国共产党始终把为人类作出新的更大的贡献作为自己的使命。2021 年 12 月 27 日至 28 日，中共中央政治局召开党史学习教育专题民主生活会。习近平总书记主持会议并发表重要讲话指出，100 年来，我们党致力于为中国人民谋幸福、为中华民族谋复兴，致力于为人类谋进步、为世界谋大同，天下为公，人间正道，这是我们党具有历史自信的最大底气，是我们党在中国执政并长期执政的历史自信，也是我们党团结带领人民继续前进的历史自信。今天，我们完全可以说，中国共产党没有辜负历史和人民的选择。

为中国人民谋幸福，为中华民族谋复兴，是中国共产党人的初心和使命，是激励一代代中国共产党人前赴后继、英勇奋斗的根本动力。2021 年 7 月 1 日，习近平总书记在庆祝中国共产党成立 100 周年大会上的讲话中指出，100 年来，中国共产党团结带领中国人民，以“为有牺牲多壮志，敢教日月换新天”的大无畏气概，书写了中华民族几千年历史上最恢宏的史诗。这一百年来开辟的伟大道路、创造的伟大事业、取得的伟大成就，必将载入中华民族发展史册、人类文明发展史册！2022 年 10 月，习近平总书记在党的二十大报告中强调，从现在起，中国共产党的中心任务就是团结带领全国各族人民全面建成社会主义现代化强国、实现第二个百年奋斗目标，以中国式现代化全面推进中华民族

伟大复兴。

“建设一个什么样的世界、如何建设这个世界”是人类社会永恒的命题。中国共产党胸怀天下、立己达人，以深邃的历史眼光洞察“世界之变”，以博大的天下情怀回答“世界之问”，以强烈的责任担当回答“时代之问”，创造性提出为人类谋进步、为世界谋大同，这是新时代中国为实现世界人民的美好未来提供的又一重要公共产品。我们党是用马克思主义武装起来的政党，把共产主义作为自己的理想和信念，代表着人类社会的前进方向，占据着人类文明的制高点。党领导人民成功走出中国式现代化道路，创造了人类文明新形态，拓展了发展中国家走向现代化的途径，给世界上那些既希望加快发展又希望保持自身独立性的国家和民族提供了全新选择。我们党推动构建人类命运共同体，为解决人类重大问题，建设持久和平、普遍安全、共同繁荣、开放包容、清洁美丽的世界贡献了中国智慧、中国方案、中国力量，成为推动人类发展进步的重要力量。2022 年 10 月，习近平总书记在党的二十大报告中指出，我们真诚呼吁，世界各国弘扬和平、发展、公平、正义、民主、自由的全人类共同价值，促进各国人民相知相亲，尊重世界文明多样性，以文明交流超越文明隔阂、文明互鉴超越文明冲突、文明共存超越文明优越，共同应对各种全球性挑战。

大道之行，天下为公。我们党立志于中华民族千秋伟业，致力于人类和平与发展崇高事业，秉承胸怀天下的全球视野，始终坚持以人民之心为心、以天下之利为利，洞察人类发展进步潮流，积极回应各国人民普遍关切，不仅愿意为中国人民造福，也愿意为世界各国人民造福，愿同世界人民携手开创人类更加美好的未来。美美与共，实现人类进步、谋求世界大同。道阻且长，行则将至；行而不辍，未来可期。中国率先高举和平、发展、合作、共赢旗帜，在坚定维护世界和平与发展中谋求自身发展，又以自身发展更好维护世界和平与发展，充分彰显了中国共产党为人类谋进步、为世界谋大同的情怀，开辟了人类共同发展的更加广阔的前景。中国共产党推动世界和平发展的初心不改、使命不变，将致力于推动高质量发展，促进全球发展繁荣；将致力于维护国际公平正义，促进世界和平稳定；将致力于推动文明交流互鉴，促进人类文明进步。中国共产党也将致力于加强政党交流合作，不断凝聚各国人民共同建设美好世界的最大公约数，携手共行天下大道，让各具特色的现代化事业汇聚成推动世界繁荣进步的时代洪流，在历史长河中滚滚向前、永续发展！

十二

坚持全面从严治党，推进新时代党的建设新的伟大工程

十一 坚持全面从严治党，推进新时代党的建设新的伟大工程

- 六个“如何始终”：大党独有难题
  - 如何始终不忘初心、牢记使命
  - 如何始终统一思想、统一意志、统一行动
  - 如何始终具备强大的执政能力和领导水平
  - 如何始终保持干事创业精神状态
  - 如何始终能够及时发现和解决自身存在的问题
  - 如何始终保持风清气正的政治生态
- 两个永远在路上：全面从严治党和党的自我革命都永远在路上
- 七项重要举措：落实新时代党的建设总要求
  - 坚持和加强党中央集中统一领导
  - 坚持不懈用习近平新时代中国特色社会主义思想凝心铸魂
  - 完善党的自我革命制度规范体系
  - 建设堪当民族复兴重任的高素质干部队伍
  - 增强党组织政治功能和组织功能
  - 坚持以严的基调强化正风肃纪
  - 坚决打赢反腐败斗争攻坚战持久战
- “四全”要求：健全全面从严治党体系
  - 内容上全涵盖
  - 对象上全覆盖
  - 责任上全链条
  - 制度上全贯通
- 两个伟大革命：以党的伟大自我革命引领伟大社会革命
- 两个答案：人民监督和自我革命是跳出治乱兴衰历史周期率的正确答案
- 六个必须：自我革命的基本路径
  - 必须坚持以党的政治建设为统领
  - 必须坚持把思想建设作为党的基础性建设
  - 必须坚决落实中央八项规定精神、以严明纪律整饬作风
  - 必须坚持以雷霆之势反腐惩恶
  - 必须坚持增强党组织政治功能和组织力凝聚力
  - 必须坚持构建自我净化、自我完善、自我革新、自我提高的制度规范体系
- 九个坚持：自我革命的基本经验
  - 坚持党中央集中统一领导
  - 坚持党要管党、全面从严治党，以伟大自我革命引领伟大社会革命
  - 坚持以党的政治建设为统领，保证全党在政治立场、政治方向、政治原则、政治道路上同党中央保持高度一致
  - 坚持严的主基调不动摇，提高纪律建设的政治性、时代性、针对性
  - 坚持发扬钉钉子精神加强作风建设，以优良党风带动社风民风向上向善
  - 坚持以零容忍态度惩治腐败，坚定不移走中国特色反腐败之路
  - 坚持纠正一切损害群众利益的腐败和不正之风，让人民群众感到公平正义就在身边
  - 坚持抓住“关键少数”以上率下，压紧压实全面从严治党政治责任
  - 坚持完善党和国家监督制度，形成全面覆盖、常态长效的监督合力
- 八项规定：作风建设的代名词
- 纠治“四风”：新时代党的作风建设聚焦整治的重点
  - 形式主义
  - 官僚主义
  - 享乐主义
  - 奢靡之风
- 一体推进“三不腐”：不敢腐、不能腐、不想腐
- 二十字要求：新时代好干部标准
  - 信念坚定
  - 为民服务
  - 勤政务实
  - 敢于担当
  - 清正廉洁
- 一项战略性工作：新时代青年工作
- 三个务必：新时代对全党同志的郑重告诫
  - 务必不忘初心、牢记使命
  - 务必谦虚谨慎、艰苦奋斗
  - 务必敢于斗争、善于斗争

1 六个“如何始终”

大党独有难题

治国必先治党，党兴才能国强。习近平总书记在党的二十大报告中明确指出：“全面建设社会主义现代化国家、全面推进中华民族伟大复兴，关键在党。我们党作为世界上最大的马克思主义执政党，要始终赢得人民拥护、巩固长期执政地位，必须时刻保持解决大党独有难题的清醒和坚定。”2023 年 1 月 9 日，习近平总书记在二十届中央纪委二次全会上发表的讲话中指出，如何始终不忘初心、牢记使命，如何始终统一思想、统一意志、统一行动，如何始终具备强大的执政能力和领导水平，如何始终保持干事创业精神状态，如何始终能够及时发现和解决自身存在的问题，如何始终保持风清气正的政治生态，都是我们这个大党必须解决的独有难题。解决这些难题，是实现新时代新征程党的使命任务必须迈过的一道坎，是全面从严治党适应新形势新要求必须啃下的硬骨头。

始终不忘初心、牢记使命。不忘初心、牢记使命，必须作为加强党的建设的永恒课题和全体党员干部的终身课题常抓不懈。党的初心和使命是党的性质宗旨、理想信念、奋斗目标的集中体现，激励着我们党永远坚守，砥砺着我们党坚毅前行。忘记初心和使命，我们党就会改变性质、改变颜色，就会失去人民、失去未来。每个党员都要在思想政治上不断进行检视、剖析、反思，不断去杂质、除病毒、防污染，把初心和使命变成锐意进取、开拓创新的精气神和埋头苦干、真抓实干的原动力。

始终统一思想、统一意志、统一行动。全党同志必须用习近平新时代中国特色社会主义思想统一思想、统一意志、统一行动，自觉服从服务于党的政治路线，严守党的政治纪律和政治规矩，坚持在党爱党、在党言党、在党忧党、在党为党，增强“四个意识”、坚定“四个自信”、做到“两个维护”，在思想上政治上行动上自觉同党中央保持高度一致。要推动完善党中央重大决策部署落实机制，以有力有效的日常监督促进各项政策落实落地。

始终具备强大的执政能力和领导水平。我们党要发扬自我革命精神，在自我净化、自我完善、自我革新、自我提高中提高执政能力和领导水平。履行好党和人民赋予的新时代职责使命，领导干部必须全面增强各方面本领，努力成为本职工作的行家里手。加强实践锻炼、专业训练，注重在重大斗争中磨砺干部，增强干部推动高质量发展本领、服务群众本领、防范化解风险本领。

始终保持干事创业精神状态。永葆干事创业精神状态是中国共产党的政治本色和优良传统。我们党之所以历经百年而风华正茂、饱经磨难而生生不息，就是凭着那么一股革命加拼命的强大精神。要提振全党的士气和斗志，以勇往直前、敢于拼搏的创业精神不畏艰险、主动担当、积极作为。要加强干部斗争精神和斗争本领养成，着力增强防风险、迎挑战、抗打压能力，带头担当作为，做到平常时候看得出来、关键时刻站得出来、危难关头豁得出来。

始终能够及时发现和解决自身存在的问题。要把纪律建设摆在更加突出位置，党规制定、党纪教育、执纪监督全过程都要贯彻严的要求，既让铁纪“长牙”、发威，又让干部重视、警醒、知止，使全党形成遵规守纪的高度自觉，进一步养成在受监督和约束的环境中工作生活的习惯。必须深化标本兼治、系统治理，一体推进不敢腐、不能腐、不想腐。要在不敢腐上持续加压，始终保持零容忍震慑不变、高压惩治力量常在。要把不敢腐、不能腐、不想腐有效贯通起来，三者同时发力、同向发力、综合发力。健全党统一领导、全面覆盖、权威高效的监督体系，持续深化纪检监察体制改革，把巡视利剑磨得更光更亮，勇于亮剑，始终做到利剑高悬、震慑常在。

始终保持风清气正的政治生态。要继续纠治享乐主义、奢靡之风，把握作风建设地区性、行业性、阶段性特点，抓住普遍发生、反复出现的问题深化整治，推进作风建设常态化长效化。要把纠治形式主义、官僚主义摆在更加突出位置，作为作风建设的重点任务，研究针对性举措，科学精准靶向整治，动真碰硬、务求实效。要加强新时代廉洁文化建设，涵养求真务实、团结奋斗的时代新风。要以铁的纪律打造忠诚干净担当的纪检监察铁军。

习近平总书记提出六个“如何始终”，深刻分析大党独有难题的形成原因、主要表现和破解之道，深刻阐述健全全面从严治党体系的目标任务、实践要求，是党的建设历程长期探索特别是推进新时代党的建设新的伟大工程的宝贵经验，是习近平总书记关于党的建设重要思想的重要内容，充分体现了我们党对所处历史方位、肩负使命任务、面临复杂环境的清醒认识，充分彰显了新时代中国共产党人对党的根本性质和国情党情发展变化的深刻把握，对坚定不移深入推进全面从严治党具有重要意义。

2 两个永远在路上

全面从严治党和党的自我革命都永远在路上

党的二十大报告强调，全党必须牢记，全面从严治党永远在路上，党的自我革命永远在路上，决不能有松劲歇脚、疲劳厌战的情绪，必须持之以恒推进全面从严治党，深入推进新时代党的建设新的伟大工程，以党的自我革命引领社会革命。

办好中国的事情，关键在党，关键在党要管党、全面从严治党。2014年12月，习近平总书记在江苏视察时，首次提出全面从严治党的要求。此后，以习近平同志为核心的党中央以前所未有的勇气和定力深入推进全面从严治党，取得了历史性、开创性成就，产生了全方位、深层次影响，党在革命性锻造中焕发生机活力、更加坚强有力。实践表明，全面从严治党是党永葆生机活力、走好新的赶考之路的必由之路。

党的十八大以来，以习近平同志为核心的党中央，深入推进全面从严治党，坚持打铁必须自身硬，从制定和落实中央八项规定开局破题，提出和落实新时代党的建设总要求，以党的政治建设统领党的建设各项工作，坚持思想建党和制度治党同向发力，严肃党内政治生活，持续开展党内集中教育，提出和坚持新时代党的组织路线，突出政治标准选贤任能，加强政治巡视，形成比较完善的党内法规体系，推动全党坚定理想信念、严密组织体系、严明纪律规矩。我们持之以恒正风肃纪，以钉钉子精神纠治“四风”，反对特权思想和特权现象，坚决整治群众身边的不正之风和腐败问题，刹住了一些长期没有刹住的歪风，纠治了一些多年未除的顽瘴痼疾。我们开展了史无前例的反腐败斗争，以“得罪千百人、不负十四亿”的使命担当祛疴治乱，不敢腐、不能腐、不想腐一体推进，“打虎”“拍蝇”“猎狐”多管齐下，反腐败斗争取得压倒性胜利并全面巩固，消除了党、国家、军队内部存在的严重隐患，确保党和人民赋予的权力始终用来为人民谋幸福。经过不懈努力，党找到了自我革命这一跳出治乱兴衰历史周期率的第二个答案，自我净化、自我完善、自我革新、自我提高能力显著增强，管党治党宽松软状况得到根本扭转，风清气正的党内政治生态不断形成和发展，确保党永远不变质、不变色、不变味。

必须坚持以党的政治建设为统领，坚守自我革命根本政治方向；必须坚持把思想建设作为党的基础性建设，淬炼自我革命锐利思想武器；必须坚决落实中央八项规定精神、以严明纪律整饬作风，丰富自我革命有效途径；必须坚持以雷霆之势反腐惩恶，打好自我革命攻坚战、持久战；必须坚持增强党组织政治功能和组织力凝聚力，锻造敢于善于斗争、勇于自我革命的干部队伍；必须坚持构建自我净化、自我完善、自我革新、自我提高的制度规范体系，为推进伟大自我革命提供制度保障。只要大力弘扬伟大建党精神，不忘初心使命，勇于自我革命，不断清除一切损害党的先进性和纯洁性的有害因素，不断清除一切侵蚀党的健康肌体的病原体，我们就一定能够确保党不变质、不变色、不变味。

党的十八大以来，习近平总书记反复强调跳出治乱兴衰历史周期率的问题是关系党的千秋伟业、关系党的生死存亡、关系我国社会主义制度的兴衰成败的一个重大问题。如何跳出治乱兴衰历史周期率？毛泽东在延安窑洞里给出了第一个答案，这就是“让人民来监督政府”；“延安窑洞对”近 80 年之后，我们党经过不断实践探索，又给出了第二个答案，这就是自我革命。100 多年来，我们党能够战胜一个又一个困难，取得一个又一个胜利，关键在于我们始终坚持党要管党、全面从严治党不放松，在推动社会革命的同时进行彻底的自我革命。

在新征程上，党面临的执政考验、改革开放考验、市场经济考验、外部环境考验将长期存在，精神懈怠危险、能力不足危险、脱离群众危险、消极腐败危险将长期存在，只有坚持全面从严治党永远在路上，党的自我革命永远在路上，才能把党建设得更加坚强有力，为以中国式现代化全面推进中华民族伟大复兴提供坚强政治保证。

3 七项重要举措 落实新时代党的建设总要求

党的十九大报告首次提出了新时代党的建设总要求，把党的建设总体布局拓展为“5+1+1”，其中“5”为政治建设、思想建设、组织建设、作风建设、纪律建设，另两个“1”分别为制度建设和反腐败斗争。“5+1+1”的总体布局规定了新时代党的建设新的伟大工程的基本内容。

党的二十大报告进一步指出，要落实新时代党的建设总要求，健全全面从严治党体系，全面推进党的自我净化、自我完善、自我革新、自我提高，使我们党坚守初心使命，始终成为中国特色社会主义事业的坚强领导核心。

第一，坚持和加强党中央集中统一领导。党的领导是全面的、系统的、整体的，必须全面、系统、整体加以落实。健全总揽全局、协调各方的党的领导制度体系，完善党中央重大决策部署落实机制，确保全党在政治立场、政治方向、政治原则、政治道路上同党中央保持高度一致，确保党的团结统一。完善党中央决策议事协调机构，加强党的政治建设，坚持科学执政、民主执政、依法执政，贯彻民主集中制，增强党内政治生活政治性、时代性、原则性、战斗性，持续净化党内政治生态等。

第二，坚持不懈用习近平新时代中国特色社会主义思想凝心铸魂。全面加强党的思想建设，坚持用习近平新时代中国特色社会主义思想统一思想、统一意志、统一行动，加强理想信念教育，坚持学思用贯通、知信行统一，把习近平新时代中国特色社会主义思想转化为坚定理想、锤炼党性和指导实践、推动工作的强大精神力量等。

第三，完善党的自我革命制度规范体系。坚持制度治党、依规治党，以党章为根本，以民主集中制为核心，完善党内法规制度体系；健全党统一领导、全面覆盖、权威高效的监督体系，推进政治监督具体化、精准化、常态化，落实全面从严治党政治责任，用好问责利器等。

第四，建设堪当民族复兴重任的高素质干部队伍。坚持党管干部原则，坚持德才兼备、以德为先、五湖四海、任人唯贤，把新时代好干部标准落到实处。树立选人用人正确导向，坚持把政治标准放在首位，加强实践锻炼、专业训练，加强干部斗争精神和斗争本领养成；完善干部考核评价体系，抓好后继有人这个根本大计，重视女干部培养选拔工作，重视培养和用好少数民族干部；加强和改进公务员工作，坚持严管和厚爱相结合，落实“三个区分开来”，激励干部敢于担当、积极作为；

关心关爱基层干部特别是条件艰苦地区干部等。

第五，增强党组织政治功能和组织功能。各级党组织要履行党章赋予的各项职责，把党的路线方针政策和党中央决策部署贯彻落实好，把各领域广大群众组织凝聚好。坚持大抓基层的鲜明导向，全面提高机关党建质量，推进事业单位党建工作；推进国有企业、金融企业在完善公司治理中加强党的领导，加强混合所有制企业、非公有制企业党建工作，加强新经济组织、新社会组织、新就业群体党的建设；注重从青年和产业工人、农民、知识分子中发展党员，加强和改进党员特别是流动党员教育管理；落实党内民主制度，保障党员权利，激励党员发挥先锋模范作用；严肃稳妥处置不合格党员，保持党员队伍先进性和纯洁性等。

第六，坚持以严的基调强化正风肃纪。弘扬党的光荣传统和优良作风，锲而不舍落实中央八项规定精神，把握作风建设地区性、行业性、阶段性特点，抓住普遍发生、反复出现的问题深化整治，推进作风建设常态化长效化；全面加强党的纪律建设，坚持党性党风党纪一起抓，从思想上固本培元，提高党性觉悟，增强拒腐防变能力等。

第七，坚决打赢反腐败斗争攻坚战持久战。坚持不敢腐、不能腐、不想腐一体推进，同时发力、同向发力、综合发力。以零容忍态度反腐惩恶，更加有力遏制增量，更加有效清除存量，坚决查处政治问题和经济问题交织的腐败，坚决防止领导干部成为利益集团和权势团体的代言人、代理人，坚决治理政商勾连破坏政治生态和经济发展环境问题，决不姑息。深化整治权力集中、资金密集、资源富集领域的腐败，坚决惩治群众身边的“蝇贪”，严肃查处领导干部配偶、子女及其配偶等亲属和身边工作人员利用影响力谋私贪腐问题，坚持受贿行贿一起查，惩治新型腐败和隐性腐败。深化反腐败国际合作，一体构建追逃防逃追赃机制。深化标本兼治，推进反腐败国家立法，加强新时代廉洁文化建设，教育引导广大党员干部增强不想腐的自觉，清清白白做人、干干净净做事，使严厉惩治、规范权力、教育引导紧密结合、协调联动，不断取得更多制度性成果和更大治理效能等。

4 “四全”要求

健全全面从严治党体系

全面从严治党体系是一个内涵丰富、功能完备、科学规范、运行高效的动态系统。构建全面从严治党体系是一项具有全局性、开创性的工作。2023 年 1 月 9 日，习近平总书记在二十届中央纪委二次全会上对健全全面从严治党体系作出重要部署，强调要坚持内容上全涵盖、对象上全覆盖、责任上全链条、制度上全贯通，进一步健全全面从严治党体系，使全面从严治党各项工作更好体现时代性、把握规律性、富于创造性。“四全”要求为新时代体系化推进全面从严治党提供了根本遵循。

内容上全涵盖。全面从严治党的内容涵盖党的各方面建设，把全面从严治党的要求贯彻到政治建设、思想建设、组织建设、作风建设、纪律建设、制度建设和反腐败斗争等方方面面，确保全面从严治党各项措施落实到位。全面从严治党，根本是加强党的领导，做到“两个维护”，始终在思想上政治上行动上同以习近平同志为核心的党中央保持高度一致。

对象上全覆盖。我们党是世界上最大的马克思主义执政党，大就要有大的样子，大也有大的难处。只有严管严治，才能保持大党应有的风范，解决大党独有的难题。全面从严治党覆盖党的建设各个领域、各个方面、各个部门。全体党员在党规党纪面前一律平等。特别是要抓住“关键少数”，管好各级党员领导干部特别是高级干部。全体党员都要增强党员意识，正确行使党员权利，自觉履行党员义务，严格遵守党的纪律，坚定维护党的形象，践行全心全意为人民服务的根本宗旨，始终保持同人民群众的血肉联系，涵养廉洁自律的道德修为，始终心有所畏、言有所戒、行有所止，不断锤炼意志力、坚忍力、自制力，永远做一个一心为公、一身正气、一尘不染的合格党员。

责任上全链条。全面从严治党，必须增强管党治党意识、落实管党治党责任。全面从严治党，要坚决贯彻执行党中央决策部署，发挥党的政治优势、组织优势、制度优势，压实各级党委（党组）全面从严治党主体责任，特别是“一把手”第一责任人责任，贯通落实相关职能部门监管职责，健全各负其责、统一协调的管党治党责任格局。尤其要坚持抓住“关键少数”以上率下，压紧压实全面从严治党政治责任。党的二十大报告突出领导干部这个“关键少数”，抓住落实责任这个“牛鼻子”，体现了对管党治党规律的深刻把握。

制度上全贯通。进入新时代，以习近平同志为核心的党中央坚持依规治党，把深化党的建设制度改革、推进党内法规建设摆在突出位置，推动形成了以党章为根本，以准则、条例、规则、规定、办法、细则等为支撑的，前后衔接、左右联动、上下配套、系统集成的党内法规体系。坚持纪严于法、执纪执法贯通，深化运用监督执纪“四种形态”，促进依规治党和依法治国有机统一。深化纪律检查体制、国家监察体制改革，形成纪律监督、监察监督、派驻监督、巡视监督统筹衔接的监督格局，以党内监督带动其他监督，不断健全党和国家监督体系，使广大党员干部和公职人员习惯在受监督和约束的环境中工作生活。要完善党内法规制度体系，不断扎紧扎牢制度笼子，增强党内法规权威性和执行力，不断提升全党的纪律意识、规矩意识、法治意识。巩固深化政治巡视，落实巡视全覆盖任务，加强巡视整改和成果运用。完善问责制度，落实责任追究机制。要健全党统一领导、全面覆盖、权威高效的监督体系，以党内监督为主导，促进各类监督力量整合、工作融合，强化对权力监督的全覆盖、有效性，确保权力不被滥用。要完善党内法规体系、国家法律体系，加快完善反腐败涉外法律法规。要严格执行制度，把遵规守纪内化为党员干部的思想自觉和政治自觉。

全面从严治党，核心是加强党的领导，基础在全面，关键在严，要害在治。健全全面从严治党体系，需要坚持制度治党、依规治党，更加突出党的各方面建设有机衔接、联动集成、协同协调，更加突出体制机制的健全完善和法规制度的科学有效，更加突出运用治理的理念、系统的观念、辩证的思维管党治党建设党，确保收到实效。

5 两个伟大革命

以党的伟大自我革命引领伟大社会革命

2020 年 1 月 13 日，习近平总书记在十九届中央纪委四次全会上明确强调，我们坚持以伟大自我革命引领伟大社会革命，健全党的领导制度体系，深化党的建设制度改革，完善全面从严治党制度，坚决扭转一些领域党的领导弱化、党的建设缺失、管党治党不力状况，使党始终成为中国特色社会主义事业的坚强领导核心。党的二十大报告又进一步指出，“必须持之以恒推进全面从严治党，深入推进新时代党的建设新的伟大工程，以党的自我革命引领社会革命”。

中国共产党是在自我革命中锻造出来的。回顾党的历史，我们党总是在推动社会革命的同时，勇于进行自我革命，始终坚持真理、修正错误，敢于正视问题、克服缺点，勇于刮骨疗毒、去腐生肌。正因为我们党始终坚持这样做，才能够在危难之际绝处逢生、失误之后拨乱反正，成为永远打不倒、压不垮的马克思主义政党。实践充分证明，中国共产党能够带领人民进行伟大的社会革命，也能够进行伟大的自我革命。

勇于自我革命，是我们党区别于其他政党的显著标志，是我们党最鲜明的品格，也是我们党最大的优势。自我革命就是补钙壮骨、排毒杀菌、壮士断腕、去腐生肌，不断清除侵蚀党的健康肌体的病毒，不断提高自身免疫力，防止人亡政息。自我革命精神是党永葆青春活力的强大支撑。先进的马克思主义政党不是天生的，而是在不断自我革命中淬炼而成的。正是因为具备这种独有的政治品格，我们党才能穿越百年风风雨雨，多次在危难之际重新奋起。一个政党最难的就是历经沧桑而初心不改、饱经风霜而本色依旧。

党的伟大自我革命和伟大社会革命是有机统一的。我们既要以伟大自我革命引领伟大社会革命，也要以伟大社会革命促进伟大自我革命。

一方面，党的伟大自我革命是推进伟大社会革命的前提和强大动力。打铁必须自身硬。在统揽伟大斗争、伟大工程、伟大事业、伟大梦想中，起决定性作用的是新时代党的建设新的伟大工程。在新时代，党只有不断推进伟大自我革命，把党建设成为始终走在时代前列、人民衷心拥护、勇于自我革命、经得起各种风浪考验、朝气蓬勃的马克思主义执政党，才能确保党在新时代坚持和发展中国特色社会主义的历史进程中始终成为坚强领导核心。

另一方面，社会革命的新任务新挑战又对党的自我革命提出新目标新要求。新时代中国特色社会主义是我们党领导人民进行伟大社会革命的成果，也是我们党领导人民进行伟大社会革命的继续，必须一以贯之进行下去。这场伟大社会革命，涵盖领域的广泛性、触及利益格局调整的深刻性、涉及矛盾和问题的尖锐性、突破体制机制障碍的艰巨性、进行伟大斗争形势的复杂性，都是前所未有的。这决定了我们必须增强忧患意识、责任意识，把党的伟大自我革命进行到底。

6 两个答案

人民监督和自我革命是跳出治乱兴衰历史周期率的正确答案

1945 年 7 月，毛泽东在延安与民主人士黄炎培进行了一场著名谈话，史称“延安窑洞对”。毛泽东自信地回答：“我们已经找到新路，我们能跳出这周期率。这条新路，就是民主。只有让人民来监督政府，政府才不敢松懈。只有人人起来负责，才不会人亡政息。”让人民来监督政府，这是跳出治乱兴衰历史周期率的第一个答案。党的十八大以来，习近平总书记深刻总结百年党史特别是新时代党的自我革命的成功实践，给出了跳出治乱兴衰历史周期率的第二个答案，这就是自我革命。

从 500 多年的社会主义发展史看，无产阶级政党夺取政权不容易，长期执政更不容易。我们党百年奋斗的历史，既是一部党领导伟大社会革命的历史，也是一部党进行伟大自我革命的历史。100 多年来，正因为我们党始终坚持自我革命，一次次解决自身问题、革除自身病症，永葆青春活力，避免了“政怠宦成”“人亡政息”，才领导人民书写了中华民族历史上最恢宏的史诗。

勇于自我革命和接受人民监督是内在一致的，都源于党的初心使命。江山就是人民，人民就是江山。中国共产党是为人民谋幸福、为民族谋复兴的党，始终代表最广大人民群众的根本利益，因此能够本着彻底的自我革命精神检视自身、常思己过，坚决同一切损害党的先进性和纯洁性的因素作斗争，因此始终得到最广大人民的坚定支持。100 多年来，党外靠发展人民民主、接受人民监督，内靠全面从严治党、推进自我革命，勇于坚持真理、修正错误，勇于刀刃向内、刮骨疗毒，保证党长盛不衰、不断发展壮大。两者的根本目的是一致的，都是为人民谋幸福、为民族谋复兴；两者的切入点是一致的，都聚焦人民群众反映强烈的党风政风、腐败等突出问题；两者的实施路径是一致的，都在宪法和法律、规章制度下进行，通过党和国家监督制度强化对权力运行的制约监督等；两者的判断标准是一致的，都以人民拥护不拥护、赞成不赞成、高兴不高兴、答应不答应为标准。

自我革命和人民监督相互促进。接受人民监督是祛病除疴的“外在良方”，自我革命是强身健体的“内在免疫”，两个答案是内因和外因的辩证关系，内因是根据，外因是条件，二者相辅相成、相互促进。一方面，敢于自我革命是接受人民监督的内在根据。习近平总书记明确指出：“我们党没有任何自己特殊的利益，这是我们党敢于自我革命的勇气之源、底气所在。正因为无私，才能本着彻底的唯物主义精神经常检视自身、常思己过，才能摆脱一切利益集团、权势团体、特权阶层的围猎腐蚀，并向党内被这些集团、团体、阶层所裹挟的人开刀。”同样，也是因为我们党没有任何自己特殊的利益，所以真正从内心欢迎人民监督、主动接受人民监督。另一方面，人民监督也有助于推进自我革命。

人民群众的眼睛是雪亮的，其广泛性监督能够帮助我们全方位、无死角地认识自身问题。必须深入贯彻群众路线，切实践行全过程人民民主，自觉接受人民监督，让人民群众真心实意信赖我们、支持我们、帮助我们更好地开展自我革命，改正缺点、纠正偏差，真正实现党与人民心连心、同呼吸、共命运，为全面建设社会主义现代化国家、全面推进中华民族伟大复兴而团结奋斗。

总之，自我革命和人民监督这两个答案，都是我们党在建设长期执政的马克思主义政党方面获得的规律性认识，是我们党跳出治乱兴衰历史周期率的车之两轮、鸟之两翼，必须整体领会、一体落实，做到内外协同、双向驱动。在新征程上，我们必须以不断的自我革命来把握历史主动，不断赢得广大人民群众的支持。

7 六个必须

自我革命的基本路径

2022 年 1 月 18 日，在十九届中央纪委六次全会上，习近平总书记深刻概括了“六个必须”，阐述了党推进自我革命的基本路径。

第一，必须坚持以党的政治建设为统领，坚守自我革命根本政治方向。历史反复证明，党的团结统一是党的生命。党的团结统一首先是政治上的团结统一。党的十八大以来，以习近平同志为核心的党中央坚持把党的政治建设摆在首位，把维护党中央权威和集中统一领导作为最高政治原则，把党的领导落实到管党治党、治国理政各领域各方面各环节，严明政治纪律和政治规矩，强化政治监督、深化政治巡视，坚决防止和治理“七个有之”，坚决清除对党中央阳奉阴违的两面人、两面派，不断净化党内政治生态。经过新时代全面从严治党的革命性锻造，从根本上扭转了落实党的领导弱化、党的观念淡漠状况，全党“四个意识”不断增强，“四个自信”日益坚定，“两个维护”更加自觉。

第二，必须坚持把思想建设作为党的基础性建设，淬炼自我革命锐利思想武器。习近平总书记指出：“坚定理想信念，坚守共产党人精神追求，始终是共产党人安身立命的根本。对马克思主义的信仰，对社会主义和共产主义的信念，是共产党人的政治灵魂，是共产党人经受住任何考验的精神支柱。”党的十八大以来，我们坚持用“革命理想高于天”的信仰强基固本、凝心铸魂，用党的创新理论武装全党、教育人民，要求全党牢记中国共产党是什么、要干什么这个根本问题，从党的百年奋斗中看清楚过去我们为什么能够成功、弄明白未来我们怎样才能继续成功，先后开展党的群众路线教育实践活动、“三严三实”专题教育、“两学一做”学习教育、“不忘初心、牢记使命”主题教育、党史学习教育、学习贯彻习近平新时代中国特色社会主义思想主题教育等，推进学习教育制度化常态化，加强意识形态阵地建设和管理，不断去杂质、除病毒、防污染，锤炼共产党人信仰信念的钢筋铁骨。经过新时代全面从严治党的革命性锻造，一些领域长期存在的意识形态之乱、价值观之乱得以正本清源，全党自觉用党的创新理论滋养初心、引领使命，增强为党分忧、为国奉献、为民造福的政治担当，在风浪考验中立住脚，在诱惑“围猎”前定住神，在复杂严峻斗争中保持了政治本色。

第三，必须坚决落实中央八项规定精神、以严明纪律整饬作风，丰富自我革命有效途径。党性、党风、党纪是有机整体，党性是根本，党风是表现，党纪是保障。新时代全面从严治党以落实中央八项规定精神破题，党中央率先垂范，弘扬谦虚谨慎、艰苦奋斗等光荣传统，涵养求真务实、清正廉洁的新风正气，把纪律和规矩挺在前面，坚持抓早抓小、防微杜渐、持之以恒，坚决纠正形式主义、官僚主义、享乐主义和奢靡之风，坚决破除特权思想、特权行为，坚决整治群众身边的腐败和不正之风。经过新时代全面从严治党的革命性锻造，纪律松弛、作风漂浮状况显著改变，真管真严、敢管敢严、长管长严氛围基本形成，党风政风焕然一新，社风民风持续向好，重塑了党在人民心中的形象。

第四，必须坚持以雷霆之势反腐惩恶，打好自我革命攻坚战、持久战。腐败是最容易颠覆政权的问题，反腐败是最彻底的自我革命。党的十八大以来，党中央坚持无禁区、全覆盖、零容忍，坚持重遏制、强高压、长震慑，坚决消除腐败这个最大危险，反腐败斗争取得了压倒性胜利并全面巩固，不敢腐的震慑充分彰显，不能腐的笼子越扎越牢，不想腐的自觉显著增强。我们成功走出一条依靠制度优势、法治优势反腐败之路，书写了人类反腐败斗争历史新篇章。

第五，必须坚持增强党组织政治功能和组织力凝聚力，锻造敢于善于斗争、勇于自我革命的干部队伍。党的十八大以来，以习近平同志为核心的党中央提出并贯彻新时代党的组织路线和好干部标准，以提升组织力为重点、强化政治功能，完善上下贯通、执行有力的组织体系，树立加强基层建设的鲜明导向，推动各级党组织全面进步、全面过硬。总结运用党积累的伟大斗争经验。经过新时代全面从严治党的革命性锻造，一些基层党组织虚化弱化边缘化问题得以坚决纠正，广大基层党组织的战斗堡垒作用和共产党员的先锋模范作用充分彰显，党的政治优势和组织优势不断转化为制胜优势。

第六，必须坚持构建自我净化、自我完善、自我革新、自我提高的制度规范体系，为推进伟大自我革命提供制度保障。党的十八大以来，以习近平同志为核心的党中央健全党和国家监督制度，以党内监督为主导，发挥巡视监督利剑作用和派驻监督探头作用，推进纪律检查体制、国家监察体制、审计统计监督体制改革，推动各项监督贯通协同，实现党内监督全覆盖、对公职人员监察全覆盖。党中央坚持制度治党、依规治党，形成了比较完善的党内法规体系，构建起党统一领导、全面覆盖、权威高效的监督体系，营造了尊崇制度、遵守制度的良好氛围，推动各方面制度更加成熟定型，形成了中国共产党之治、中国之治的独特优势。

8 九个坚持

自我革命的基本经验

2022年1月18日，在十九届中央纪委六次全会上，习近平总书记指出，党的十八大以来，我们继承和发展马克思主义建党学说，总结适用党的百年奋斗历史经验，深入推进管党治党实践创新、理论创新、制度创新，对建设什么样的长期执政的马克思主义政党、怎样建设长期执政的马克思主义政党的规律性认识达到新的高度。习近平总书记把我们党推进自我革命的基本经验概括为“九个坚持”，为推进新时代党的建设新的伟大工程提供了基本遵循。

第一，坚持党中央集中统一领导。维护党中央权威和集中统一领导，是我国革命、建设、改革的重要经验，是一个成熟的马克思主义执政党的重大建党原则。必须把全面从严治党作为重大而严肃的政治任务，在党中央集中统一领导下扎实有序推进，把坚持党的全面领导贯彻到管党治党全部工作之中，确保党牢牢把握反腐败斗争主动权，以党的永不变质确保红色江山永不变色。

第二，坚持党要管党、全面从严治党，以伟大自我革命引领伟大社会革命。推动全面从严治党，必须既发挥政治保障作用又发挥政治引领作用，把全面从严治党战略方针贯穿中国特色社会主义事业全过程和党的建设各方面，不断增强党的政治领导力、思想引领力、群众组织力、社会号召力，推动伟大事业不断向前。

第三，坚持以党的政治建设为统领，保证全党在政治立场、政治方向、政治原则、政治道路上同党中央保持高度一致。必须以坚定理想信念为根基，严肃政治生活，涵养政治生态，督促党员干部把对党忠诚体现在贯彻党中央决策部署的具体行动上，确保党的理论和路线方针政策落地见效。

第四，坚持严的主基调不动摇，提高纪律建设的政治性、时代性、针对性。必须执行政治纪律，带动各项纪律全面从严、一严到底，坚持纪严于法、执纪执法贯通，深化运用“四种形态”政策策略，执纪必严、违纪必究，以严明的纪律确保全党目标一致、团结一致、步调一致。

第五，坚持发扬钉钉子精神加强作风建设，以优良党风带动社风民风向上向善。必须发扬党的优良作风，持之以恒落实中央八项规定精神，在常和长、严和实、深和细上下功夫，治“四风”树新风并举，坚决铲除腐败滋生的作风温床，坚决纠正形式主义、官僚主义问题，以好作风好形象创造新伟业。

第六，坚持以零容忍态度惩治腐败，坚定不移走中国特色反腐败之路。必须牢记全面从严治党永远在路上，严厉惩治这一手绝不能放松，坚持不敢腐、不能腐、不想腐一体推进，惩治震慑、制度约束、提高觉悟一体发力，以法治思维和法治方式惩治腐败，以系统施治、标本兼治理念管党治党，实现干部清正、政府清廉、政治清明。

第七，坚持纠正一切损害群众利益的腐败和不正之风，让人民群众感到公平正义就在身边。必须贯彻以人民为中心的发展思想，顺应群众所思所想所忧所盼，推动全面从严治党向基层延伸，解决群众反映强烈的突出问题，以全面从严治党实效筑牢党的执政根基。

第八，坚持抓住“关键少数”以上率下，压紧压实全面从严治党政治责任。必须落实领导干部管党治党责任，坚持抓领导、领导抓，从党中央做起、从高级干部严起，一级示范给一级看、一级带领着一级干，无私无畏、旗帜鲜明，敢于斗争、善于斗争，推动主体责任和监督责任一贯到底，巩固发展全党动手一起抓的良好局面。

第九，坚持完善党和国家监督制度，形成全面覆盖、常态长效的监督合力。必须依靠强化党的自我监督和人民监督推进党的自我革命，构建以党内监督为主导、各类监督贯通协调的机制，强化对权力运行的制约和监督，把监督制度优势更好转化为治理效能。

9 八项规定

作风建设的代名词

2012年12月4日，党的十八大闭幕不到一个月，习近平总书记主持中央政治局会议，审议通过中央政治局关于改进工作作风、密切联系群众的八项规定。规定要求：中央政治局全体同志要改进调查研究，切忌走过场、搞形式主义；要轻车简从、减少陪同、简化接待。要精简会议活动，切实改进会风；提高会议实效，开短会、讲短话，力戒空话、套话。要精简文件简报，切实改进文风，没有实质内容、可发可不发的文件、简报一律不发。要规范出访活动，严格控制出访随行人员，严格按照规定乘坐交通工具。要改进警卫工作，减少交通管制，一般情况下不得封路、不清场闭馆。要改进新闻报道，中央政治局同志出席会议和活动应根据工作需要、新闻价值、社会效果决定是否报道，进一步压缩报道的数量、字数、时长。要严格文稿发表，除中央统一安排外，个人不公开出版著作、讲话单行本，不发贺信、贺电，不题词、题字。要厉行勤俭节约，严格执行住房、车辆配备等有关工作和生活待遇的规定。短短600余字，从调查研究、会议活动等8个方面为加强作风建设立下铁的规矩。

以习近平同志为核心的党中央从制定出台中央八项规定破题，以上率下推进全党作风建设不松劲、不停步、再出发，刹住了一些长期没有刹住的歪风，纠治了一些多年未除的顽瘴痼疾。全党上下抓铁有痕、踏石留印，党风廉政建设深入推进，八项规定精神落地生根，使党风政风焕然一新，社风民风持续向好，让人民群众看到了实实在在的成效和变化。八项规定，已成为作风建设的代名词、新时代共产党人的一张"金色名片"。

2017年10月27日，党的十九大闭幕刚3天，习近平总书记主持召开十九届中央政治局会议，审议通过《中共中央政治局贯彻落实中央八项规定的实施细则》，巩固和拓展落实八项规定精神成果，对相关内容进一步作出细化完善，提出更高要求，彰显了以习近平同志为核心的党中央持之以恒正风肃纪的鲜明态度和坚定决心，向全党全社会释放了一刻不停歇推动作风建设向纵深发展的强烈信号。习近平总书记在 2018 年 12 月的中央政治局民主生活会上再次强调，党的十八大以来，我们直面党内存在的种种问题和弊端，从制定和执行中央八项规定破题，解决了新形势下作风建设抓什么、怎么抓的问题，推动了全面从严治党，推动了党风、政风、社风好转。党的十九大之后，我们针对新情况新问题，修订了中央八项规定实施细则，继续落实中央八项规定精神。中央政治局的同志要带头严格执行中央八项规定精神，同时要从严抓好分管地方和部门贯彻执行中央八项规定精神的工作。2022 年 9 月 9 日，中共中央政治局召开会议，其中的一项重要议程就是审议《十九届中央政治局贯彻执行中央八项规定情况报告》。

2022 年 10 月 25 日，二十届中共中央政治局召开会议，研究部署学习宣传贯彻党的二十大精神，审议《中共中央政治局关于加强和维护党中央集中统一领导的若干规定》《中共中央政治局贯彻落实中央八项规定实施细则》。会议强调，抓作风建设只有进行时，没有完成时。党的二十大对锲而不舍落实中央八项规定精神作出新部署，必须始终把中央八项规定作为长期有效的铁规矩、硬杠杠，抓住“关键少数”以上率下，持续深化纠治“四风”，重点纠治形式主义、官僚主义，坚决破除特权思想和特权行为，推动全党坚决落实中央八项规定精神，全面推进党的自我净化、自我完善、自我革新、自我提高，始终保持同人民群众的血肉联系，始终同人民同呼吸、共命运、心连心。中央政治局的同志要带头弘扬党的光荣传统和优良作风，严格执行中央八项规定，严于律己、严管所辖、严负其责，在守纪律讲规矩、履行管党治党政治责任等方面为全党同志立标杆、作表率。12 月 26 日至 27 日，中共中央政治局召开民主生活会，习近平总书记主持会议并发表重要讲话指出，领导干部特别是高级干部的作风历来是引领党风和社会风气的重要风向标，是人民群众观察党风的重要窗口。中央政治局同志要对照新修订的中央八项规定实施细则，一条一条严格对标对表，不折不扣抓好贯彻落实，重点纠治形式主义、官僚主义顽疾，带头弘扬党的优良作风。

总之，制定实施中央八项规定，是我们党在新时代的徙木立信之举，必须常抓不懈、久久为功，直至真正化风成俗，以优良党风引领社风民风。

10 纠治“四风”

新时代党的作风建设聚焦整治的重点

2013 年 6 月 18 日，习近平总书记在党的群众路线教育实践活动工作会议上发表重要讲话强调，这次教育实践活动的主要任务聚焦到作风建设上，集中解决形式主义、官僚主义、享乐主义和奢靡之风“四风”问题。“四风”是违背我们党的性质和宗旨的，是广大人民群众深恶痛绝、反映最强烈的问题，也是损害党群干群关系的重要根源。“四风”问题解决好了，党内其他一些问题解决起来也就有了更好条件。

2014 年 10 月 8 日，习近平总书记在党的群众路线教育实践活动总结大会上的讲话中指出，在全党开展以为民务实清廉为主要内容的党的群众路线教育实践活动，是党的十八大作出的一项战略决策。活动从 2013 年 6 月开始，自上而下分两批开展。各级党组织和广大党员干部积极响应党中央号召，高度重视、踊跃参与，广大人民群众热烈响应、热情支持，整个活动进展有序、扎实深入，达到了预期目的，取得了重大成果。形式主义、官僚主义、享乐主义和奢靡之风得到有力整治，群众反映强烈的突出问题得到有效解决。这次活动对“四风”问题进行大排查、大检修、大扫除，刹住了“四风”蔓延势头。从上到下、各个领域都压缩了会议、精简了文件，减少了评比达标、迎来送往活动，全面清理了超标超配公车、超标办公用房、多占住房，普遍压缩了“三公”经费、停建了楼堂馆所，狠刹了公款送月饼、贺卡、节礼和年货等行为，坚决整治了“会所中的歪风”、培训中心的腐败，坚决整治了“裸官”“走读”“吃空饷”“收红包”及购物卡、参加天价培训、党政领导干部在企业兼职等问题，广泛查处了吃拿卡要、庸懒散拖问题，高高在上、挥霍浪费、脱离群众现象明显扭转，党风、政风和社会风气为之一新。不少党员干部表示，反“四风”治好了自己的“亚健康”，把自己从不胜其烦的应酬中解脱出来，有更多精力考虑工作、服务群众了。一些同志表示，这次活动教育了干部，也保护和挽救了一批干部。反“四风”的实践说明，抓和不抓大不一样，真抓和假抓大不一样，严抓和松抓也大不一样。各级干部要从我做起、从小事做起，带头坚守正道、弘扬正气，努力营造良好从政环境。要从解决“四风”问题延伸开去，努力改进思想作风、工作作风、领导作风、生活作风，努力改进学风、文风、会风，加强治本工作，使党员干部不仅不敢沾染歪风邪气，而且不能、不想沾染歪风邪气，使党的作风全面纯洁起来。

“四风”问题具有顽固性和反复性，稍有松懈就会反弹回潮。作风建设永远在路上，善始善终，善作善成。形式主义、官僚主义是党和国家事业发展的大敌。要从领导干部特别是主要领导干部抓起，树立正确政绩观，尊重客观实际和群众需求，强化系统思维和科学谋划，多做为民造福的实事好事，杜绝装样子、搞花架子、盲目铺摊子。要落实干部考核、工作检查相关制度，科学评价干部政绩，促进干部更好担当作为。要毫不松懈纠治“四风”，坚决防止形式主义、官僚主义滋生蔓延。要深入开展党的优良传统和作风教育，完善作风建设长效机制，把好传统带进新征程，将好作风弘扬在新时代。要坚持全面从严、一严到底，对群众反映强烈的公款吃喝、餐饮浪费等歪风陋习露头就打、反复敲打。对形式主义、官僚主义要毫不妥协，全面检视、靶向纠治，持续为基层松绑减负，树立重实干、重实绩的用人导向，督促全党担当尽责、干事创业。要锲而不舍落实中央八项规定精神，抓住“关键少数”以上率下，持续深化纠治“四风”，重点纠治形式主义、官僚主义，坚决破除特权思想和特权行为。

11 一体推进“三不腐”

不敢腐、不能腐、不想腐

党的十八大以来，以习近平同志为核心的党中央深刻把握系统施治、标本兼治基本规律，把严肃惩治腐败与严密制度约束、严格教育引导紧密结合，形成不敢腐、不能腐、不想腐一体推进的方针方略，反腐败斗争取得压倒性胜利并全面巩固，开辟了党的自我革命新境界。习近平总书记多次强调，在保持高压震慑、强化不敢的同时，构建“三不腐”的有效机制。2013 年 1 月，他在十八届中央纪委二次全会上提出，“加强对权力运行的制约和监督，把权力关进制度的笼子里，形成不敢腐的惩戒机制、不能腐的防范机制、不易腐的保障机制”。2014 年 1 月，他在十八届中央纪委三次全会上提出，“加大查办违纪违法案件力度，保持惩治腐败高压态势，形成不想腐、不能腐、不敢腐的有效机制”。2015 年 1 月，他在十八届中央纪委五次全会上强调：“坚决遏制腐败现象蔓延势头，着力营造不敢腐、不能腐、不想腐的政治氛围。”2017 年 1 月，他在十八届中央纪委七次全会上进一步指出，“不敢腐，侧重于惩治和威慑”，“不能腐，侧重于制约和监督”，“不想腐，侧重于教育和引导”。2017 年 10 月，习近平总书记在党的十九大报告中强调：“强化不敢腐的震慑，扎牢不能腐的笼子，增强不想腐的自觉，通过不懈努力换来海晏河清、朗朗乾坤。”党的十九大把“构建不敢腐、不能腐、不想腐的有效机制”写入党章，成为反腐败斗争的基本方针。

2022 年 10 月，习近平总书记在党的二十大报告中着眼新时代新征程中国共产党的使命任务，对坚定不移全面从严治党作出战略部署，深刻阐明了坚持不敢腐、不能腐、不想腐一体推进的基本原则、战略重点、方法路径，为全面打赢反腐败斗争攻坚战持久战、以党的自我革命引领社会革命提供了根本遵循。2023 年 1 月 9 日，习近平总书记在二十届中央纪委二次全会上发表重要讲话强调，反腐败斗争形势依然严峻复杂，遏制增量、清除存量的任务依然艰巨。必须深化标本兼治、系统治理，一体推进不敢腐、不能腐、不想腐。要在不敢腐上持续加压，始终保持零容忍震慑不变、高压惩治力量常在，坚决惩治不收敛不收手、胆大妄为者，坚决查处政治问题和经济问题交织的腐败，坚决防止领导干部成为利益集团和权势团体的代言人、代理人，坚决防止政商勾连、资本向政治领域渗透等破坏政治生态和经济发展环境。要对比较突出的行业性、系统性、地域性腐败问题进行专项整治。要在不能腐上深化拓展，前移反腐关口，深化源头治理，加强重点领域监督机制改革和制度建设，健全防治腐败滋生蔓延的体制机制。要在不想腐上巩固提升，更加注重正本清源、固本培元，加强新时代廉洁文化建设，涵养求真务实、团结奋斗的时代新风。要把不敢腐、不能腐、不想腐有效贯通起来，三者同时发力、同向发力、综合发力，把不敢腐的震慑力、不能腐的约束力、不想腐的感召力结合起来。进一步健全完善惩治行贿的法律法规，完善对行贿人的联合惩戒机制。严厉打击那些所谓“有背景”的“政治骗子”。

不敢腐、不能腐、不想腐是相互依存、相互促进的有机整体，“不敢”是前提，“不能”是关键，“不想”是根本，必须统筹联动，增强总体效果。党中央把“一体推进”的理念贯穿正风肃纪反腐各项工作，坚持惩治这一手始终不软不松，为不能、不想提供后盾；通过改革和制度创新堵塞漏洞，规范权力运行，巩固不敢、不想的成果；深化党性党风党纪教育，加强新时代廉洁文化建设，加固不敢、不能的思想防线。坚持以案促改促治，办案、整改、治理结合，办案、监督、警示贯通，不断提高治理腐败的成效。

党的二十大报告提出，全面从严治党永远在路上，党的自我革命永远在路上。党的二十大党章对一体推进不敢腐、不能腐、不想腐作出明确规定，对推动完善党和国家监督体系提出新的要求。必须坚决贯彻落实党的二十大关于全面从严治党战略部署，深刻领悟“两个确立”的决定性意义，增强“四个意识”、坚定“四个自信”、做到“两个维护”，坚持严的基调不动摇，不敢腐、不能腐、不想腐同时发力、同向发力、综合发力，坚决打赢反腐败斗争攻坚战持久战。

坚持不敢腐、不能腐、不想腐一体推进，是习近平新时代中国特色社会主义思想的重要内容，是反腐败斗争基本方针和新时代全面从严治党的重要方略，也是我们党百年奋斗特别是新时代反腐败斗争经验的集中体现，充分体现了我们党在新的历史条件下对党的建设规律的深刻把握。

12 二十字要求
新时代好干部标准

2013 年 6 月，习近平总书记在全国组织工作会议上首次提出“信念坚定、为民服务、勤政务实、敢于担当、清正廉洁”的 20 字要求，这是新时代好干部标准。

“信念坚定”是好干部立身之本，领导干部在任何条件下，都要把改造主观世界、加强党性修养、加强品格陶冶作为必修课。“为民服务”是好干部为政之道，领导干部更应“公”字当头，以“民”为先，懂得“官”是为人民服务的岗位，“权”是为人民服务的工具。“勤政务实”是好干部履职之要，必须夙夜在公，勤勉工作，力戒空谈，做到决策条条算数，工作件件落实。“敢于担当”是好干部成事之基，领导干部要敢于探索、敢于实践、敢于负责。“清正廉洁”是好干部正气之源，领导干部应该时刻用党章、用共产党员标准要求自己，时刻自重自省自警自励，老老实实做人，踏踏实实干事，清清白白为官。

2014 年 10 月，习近平总书记视察云南时作出重要指示，要求党员干部要“对党忠诚、个人干净、敢于担当”。这是对好干部标准的高度概括和朴素表达，为我们加强新时代干部队伍建设指明了方向。之后，这又被凝练表达为忠诚、干净、担当。

怎样把好干部选出来、用起来？必须改进推荐考察办法，解决好选人方式的问题。要突出政治把关，对政治上不合格的“一票否决”；把廉洁作为底线，有问题的坚决不用；依事择人、精准选人，使领导班子成员专业素养满足新任务新要求；广泛深入谈话调研，不搞“海推”“海选”；坚持干部档案必审、个人有关事项报告必核、纪检监察机关意见必听、可查的举报线索必查，防止“带病提拔”；严肃组织人事纪律，严查说情打招呼、跑官要官、买官卖官、拉票贿选等行为。

为了贯彻新时代好干部标准，中共中央修订印发《党政领导干部选拔任用工作条例》等法规文件，强化党组织领导和把关作用，有力破解了“唯票”“唯分”“唯GDP”“唯年龄”取人偏向等突出问题。针对干部工作中的一些“老大难”问题，党中央不断深化干部人事制度改革。2015年7月，中共中央办公厅印发《推进领导干部能上能下若干规定（试行）》。2016年8月，中共中央办公厅印发《关于防止干部“带病提拔”的意见》，明确提出“凡提四必”要求，确保人选忠诚、干净、担当。为了加强对干部的管理监督，2017年2月，中共中央修订《领导干部报告个人有关事项规定》、制定《领导干部个人有关事项报告查核结果处理办法》，完善并严格落实领导干部报告个人有关事项制度。2022年9月，中共中央办公厅印发了《推进领导干部能上能下规定》，在吸收新时代全面从严治党经验的基础上，进一步健全了能上能下的选人用人机制，对于推动形成能者上、优者奖、庸者下、劣者汰的用人导向和从政环境，建设忠诚干净担当的高素质执政骨干队伍，具有重要意义。

必须统筹抓好干部的育选管用工作。2018年7月，习近平总书记在全国组织工作会议上的讲话中指出，建设忠诚干净担当的高素质干部队伍是关键，重点是要做好干部培育、选拔、管理、使用工作。一要建立源头培养、跟踪培养、全程培养的素质培养体系，教育引导干部加强党性修养、筑牢信仰之基，加强政德修养、打牢从政之基，严守纪律规矩、夯实廉政之基，健全基本知识体系、强化能力之基，增强干部素质培养的系统性、持续性、针对性。二要建立日常考核、分类考核、近距离考核的知事识人体系，强化分类考核，近距离接触干部，使选出来的干部组织放心、群众满意、干部服气。三要建立以德为先、任人唯贤、人事相宜的选拔任用体系，坚持好干部标准，把政治标准放在第一位，坚持五湖四海、任人唯贤，广开进贤之路，坚持事业为上，以事择人、人岗相适。四要建立管思想、管工作、管作风、管纪律的从严管理体系，加强全方位管理，加强党内监督，管好关键人、管到关键处、管住关键事、管在关键时，特别是要把一把手管住管好。五要建立崇尚实干、带动担当、加油鼓劲的正向激励体系，树立体现讲担当、重担当的鲜明导向。要真情关爱干部，帮助解决实际困难，关注身心健康，对基层干部特别是困难艰苦地区和奋战在脱贫攻坚第一线的干部要给予更多理解和支持。

13 一项战略性工作

新时代青年工作

习近平总书记在党的二十大报告中强调，全党要把青年工作作为战略性工作来抓，用党的科学理论武装青年，用党的初心使命感召青年，做青年朋友的知心人、青年工作的热心人、青年群众的引路人。这一重要论断，深刻揭示了青年工作在党和国家事业全局中的战略性地位，为新征程上做好青年工作指明了前进方向、提供了根本遵循。

青年强，则国家强。马克思主义政党始终把青年作为一种创造未来的战略性力量。青年是整个社会力量中最积极、最有生气的力量，国家的希望在青年，民族的未来在青年。青年一代的理想信念、精神状态、综合素质，是一个国家发展活力的重要体现，也是一个国家核心竞争力的重要因素。做好青年一代的培养，也就赢得了国家和民族的未来。回望百余年党的历史，代表广大青年、赢得广大青年、依靠广大青年是我们党不断从胜利走向胜利的重要保证。事实证明，党和人民事业发展离不开一代又一代有志青年的拼搏奉献。

青年工作是把握未来发展主动权的先手棋。青年作为具有开拓意识和创造能力的群体，肩负着传播中国精神、讲述中国故事、维护新型国际秩序的时代重任，是助推党和国家繁荣昌盛的强大后备军，是推动世界实现和平安全发展的新生力量。广大青年是实现中华民族伟大复兴的亲历者和见证者，生逢其时、重任在肩、大有可为。新征程上，要立足党的事业后继有人这一根本大计，牢牢把握培养社会主义建设者和接班人这个根本任务，把青年工作作为战略性工作来抓，以高度的政治责任感和强烈的历史使命感做好青年工作，更好把青年团结起来、组织起来、动员起来，为实现第二个百年奋斗目标、实现中华民族伟大复兴的中国梦源源不断提供生力军。

做好党的青年工作，要引领凝聚青年，培养有理想、敢担当、能吃苦、肯奋斗的新时代好青年。新时代的中国青年，更加自信自强、富于思辨精神，更加充满生气、勇于创新创造，同时面临各种社会思潮的现实影响，不可避免会在理想和现实、主义和问题、利己和利他、小我和大我、民族和世界等方面遇到思想困惑，这就更加需要深入细致的教育和引导。有针对性地解决这些问题，是新征程上做好青年工作必须回答的重大课题。对此，要在“教育青年、引导青年”上下功夫。要教育引导青年树立科学的理想信念，树立正确的世界观、人生观、价值观，增强对中国特色社会主义的道路自信、理论自信、制度自信、文化自信。要教育引导青年选择正确的人生道路和发展方向，坚定不移听党话、跟党走，怀抱梦想又脚踏实地，敢想敢为又善作善成，立志做有理想、敢担当、能吃苦、肯奋斗的新时代好青年。

做好党的青年工作，要组织动员青年，团结教育广大青年在不懈奋斗中创造出彩人生。习近平总书记指出：“广大青年要肩负历史使命，坚定前进信心，立大志、明大德、成大才、担大任，努力成为堪当民族复兴重任的时代新人，让青春在为祖国、为民族、为人民、为人类的不懈奋斗中绽放绚丽之花。”我们党历来重视组织动员广大青年为完成党的中心任务而团结奋斗。我们要团结带领广大青年勇做新时代的弄潮儿，胸怀“国之大者”，担当使命任务，到新时代新天地中去施展抱负、建功立业，争当伟大理想的追梦人，争做伟大事业的生力军，让青春在祖国和人民最需要的地方绽放绚丽之花。要让个人奋斗与国家发展同频共振，引导青年不怕困难，勇于攀登、顽强拼搏、积极进取，在复杂严峻的斗争中经风雨、见世面、壮筋骨、长才干，在不懈奋斗中创造业绩和描绘出彩人生。

做好党的青年工作，要联系服务青年，始终关注关心关爱青年的健康成长。助力青年成长成才，是青年工作的出发点和落脚点。习近平总书记指出，各级党委和政府要充分信任青年、热情关心青年、严格要求青年、积极引导青年，为广大青年成长成才、创新创造、建功立业做好服务保障工作。一方面，要主动关心青年，以积极主动的态度参与青年工作、关心青年成长发展。各级党委和政府要为广大青年成长成才、建功立业创造良好环境和条件，一线青年工作者更是要主动关心青年，在青年成长的关键处、要紧时拉一把、帮一下。另一方面，要温馨关爱青年，青年工作要让青年感受到热情、温馨、温度。青年处于人生道路的起步阶段，在学习、工作、生活方面往往会遇到各种困难和苦恼。要有针对性地提供情绪疏导和分众指导，做好全链条式的对接引导，千方百计为青年办实事、解难事，做青年朋友的知心人、青年工作的热心人、青年群众的引路人。

14 三个务必

新时代对全党同志的郑重告诫

习近平总书记在党的二十大报告中郑重提出，全党同志务必不忘初心、牢记使命，务必谦虚谨慎、艰苦奋斗，务必敢于斗争、善于斗争，坚定历史自信，增强历史主动，谱写新时代中国特色社会主义更加绚丽的华章。“三个务必”，是完成新时代新征程目标任务的现实要求和政治保障，具有极其明确的导向、旨归和价值，是向全党提出的更新、更高标准的政治要求。

怎样建设党，如何让党发挥自己的独特优势？1939年10月，毛泽东在《〈共产党人〉发刊词》中指出，为了中国革命的胜利，迫切地需要建设这样一个党，即“全国范围的、广大群众性的、思想上政治上组织上完全巩固的布尔什维克化的中国共产党”，同时他认为这是“伟大的工程”。1949年3月，面对解放战争即将迎来全面胜利、党即将执掌全国政权的新形势，毛泽东在党的七届二中全会上指出：“夺取全国胜利，这只是万里长征走完了第一步。”“中国的革命是伟大的，但革命以后的路程更长，工作更伟大，更艰苦。”因此，毛泽东郑重告诫全党，“务必使同志们继续地保持谦虚、谨慎、不骄、不躁的作风，务必使同志们继续地保持艰苦奋斗的作风”。这就是“两个务必”的著名论断。在此之前，毛泽东与郭沫若之间有过著名的“甲申对”，与黄炎培之间有过著名的“窑洞对”；在此之后，毛泽东与周恩来之间有过著名的“赶考对”。所有这些，都是关于如何跳出治乱兴衰历史周期率的经典对谈，充分体现了中国共产党人“铁肩担道义，妙手著文章”的卓越智慧和使命担当。

2022年10月27日，习近平总书记带领新当选的二十届中共中央政治局常委来到延安，瞻仰延安革命纪念地。这是他们与老一辈革命家跨越时空的对话，更是迈上新征程、走好新的赶考之路的政治宣示。中国共产党走过100多年奋斗历程，新中国走过70多年奋斗历程，改革开放走过40多年奋斗历程，中国特色社会主义进入新时代也走过了10年极不寻常、极不平凡的奋斗历程。在这样一个关键时刻，习近平总书记郑重提出“三个务必”，可谓适逢其时、正当其用，意味深长、意义重大。

无论是“两个务必”，还是“三个务必”，都是党在历史关键时刻发出的庄严告诫书和政治动员令。如果说“两个务必”是党出发赶考之际的座右铭，标识着中国共产党团结带领人民迈上建设新中国的历史征程，那么“三个务必”就是党走好新的赶考之路的座右铭，标识着中国共产党团结带领人民迈上了全面建设社会主义现代化国家新的历史征程。

务必不忘初心、牢记使命，旨在回答中国共产党是什么、要干什么以及从何处来、将向何处去的根本问题。党的初心使命，是党的理想信念、性质宗旨、奋斗目标的生动表达，更是党始终保持先进性和纯洁性、始终赢得全国各族人民拥护和爱戴的根本原因。在新征程上，中国共产党人不忘根、不忘本，不忘责任、不忘担当，才能不断夺取新胜利、创造新辉煌。

务必谦虚谨慎、艰苦奋斗，是对“两个务必”的凝练和继承。谦虚谨慎、艰苦奋斗是中国共产党、中国人民和中华民族恒定如初的本色、底色、亮色。近代以来，中国面对的是两大历史任务，即民族独立、人民解放和国家富强、人民幸福。随着新中国的成立，民族独立、人民解放的历史任务完成了，但实现国家富强、人民幸福的历史任务仍是进行时，从民族独立到民族复兴亦然。在新征程上，全面建设社会主义现代化国家、全面推进中华民族伟大复兴历史进程已经展现出光明的前景，但也绝非一日之功，仍然需要谦虚谨慎、艰苦奋斗。

务必敢于斗争、善于斗争，既是对世界百年未有之大变局的深刻洞察，也是对中华民族伟大复兴战略全局的深刻认识。我们党的历史就是一部波澜壮阔的斗争史。中国共产党依靠斗争走到今天，也必然要依靠斗争赢得未来。斗争是一门科学，同时也是一门艺术。坚持发扬斗争精神，就是既要敢于斗争，又要善于斗争。敢于斗争，就是要坚定斗争信心；善于斗争，就是要谋划斗争策略。在新征程上，我们应当一如既往英勇顽强斗争，打开党和国家事业发展的新天地。

务必不忘初心、牢记使命是中国共产党人的出发点和落脚点；务必谦虚谨慎、艰苦奋斗是中国共产党人的政治品格和优良作风；务必敢于斗争、善于斗争是中国共产党人的精神状态和能力本领。这三者相互联系、相互贯通，是不可分割的有机统一体，包含了中国共产党对治乱兴衰历史的长期思考和执政规律的深刻总结，也展示了百年大党自信自立、守正创新的鲜明特质。

时代考卷常出常新，赶考永远在路上。新征程上，只有牢记和坚守“三个务必”，我们党才能在新时代伟大实践中不断夺取新胜利、创造新辉煌，交出一份份无负时代、无负历史、无负人民的优异答卷。

后 记

本书编写组包括林建华、陈志刚、戴立兴、任洁、刘志昌、刘须宽、梁孝、曾宪奎、范强威、陈建波、夏一璞、刘燕、刘海飞、徐沐熙等多位中国社会科学院马克思主义研究院习近平新时代中国特色社会主义思想研究部知名专家学者。中国社会科学院马克思主义研究院副院长、中国社会科学院国家文化安全与意识形态建设研究中心执行主任林建华教授主持本书编写工作。中国社会科学院马克思主义研究院习近平新时代中国特色社会主义思想研究部主任陈志刚研究员协助林建华组织本书编写。戴立兴、任洁、刘须宽、陈建波参与部分统稿工作。林建华、陈志刚对全书进行统修统改。林建华对本书进行定稿。

本书编写组

2023 年 8 月